财务会计管理创新探索

王建宁　陈美玲　史雅迪◎著

吉林人民出版社

图书在版编目（CIP）数据

财务会计管理创新探索 / 王建宁 , 陈美玲 , 史雅迪
著 . -- 长春 : 吉林人民出版社 , 2024. 10. -- ISBN
978-7-206-21505-6

Ⅰ . F234.4

中国国家版本馆 CIP 数据核字第 20242C5X36 号

责任编辑：王　　斌
封面设计：王　　洋

财务会计管理创新探索
CAIWU KUAIJI GUANLI CHUANGXIN TANSUO

著　　者：王建宁　陈美玲　史雅迪
出版发行：吉林人民出版社（长春市人民大街 7548 号　邮政编码：130022）
咨询电话：0431-82955711
印　　刷：三河市金泰源印务有限公司
开　　本：787mm×1092mm　　　1/16
印　　张：10　　　　　　　　字　　数：150 千字
标准书号：ISBN 978-7-206-21505-6
版　　次：2024 年 10 月第 1 版　　印　　次：2024 年 10 月第 1 次印刷
定　　价：68.00 元

前　言

随着我国经济水平的持续攀升及大数据、互联网、云计算等新兴技术的迅猛发展，企业面临着前所未有的挑战与机遇。在这样的背景下，作为企业管理核心工具的财务会计职能也发生了深刻的变化。如今，财务会计不仅需要精通核算，更需具备领导力、战略思维、商业洞察力、卓越的管理技巧和沟通能力。财务会计研究的目标有两个方面：首先，要解决企业日常运营中的核算问题；其次，在面对技术变革时，能够为企业管理者提供决策所需的有价值信息。传统的财务分析已难以满足现代企业决策的需求。因此，现代财务会计需要综合运用财务信息与非财务信息（如宏观政策、行业环境、价值链分析、生产运营等），并通过数据挖掘与分析技术来提高企业的战略规划能力、决策水平和风险管理能力，最终实现企业价值的最大化。技术的进步催生了全新的时代，而这个新时代对企业提出了更高的要求，不仅需要采用最新的技术，还要创新管理模式。只有紧跟时代的步伐，财务会计才能在新时代发挥更大的作用，为企业创造更多价值。

在当今数字化的时代背景下，网络化、电子化与数字化技术在财务领域的广泛应用，极大地提升了财务工作的效率与准确性。这些技术的应用不仅简化了传统会计工作中复杂的操作和烦琐的流程，还确保了财务核算工作的条理性、准确性和精细度。由于在新时代下，无论是基础的会计核算还是财务报表的编制，都依赖于计算机网络程序完成，这使得基于大数据的核算技术相较于传统的手工记账方式更具优势。具体而言，这些技术手段不仅提高了工作效率，降低了出错率，还大大缩短了财务数据处理所需的时间，进而增强了财务管理的高效性和精确性。此外，财务管理流程不仅是财务管理制度的实际体现，也是实现财务管理透明化和可视化的关键途径。在这个过程中，企业财务管理所依据的数据来源、知识获取方式、决策参与人员、决策组织架构和技术手段都经历了根本性的变革。现代财务管理已不再局限于财务数据本身，而是采取了一种更全面的视角，即将财务数据与业务数据及市场环境等因素相结合进行综合分析，从而提出更具洞察力的建议，以此来提升财务管理的价值。

在编写本书的过程中，笔者参考了多种版本及层次的会计相关文献资料，在此对这些资料的作者与出版者深表谢意。

鉴于笔者的学识水平和教学经验有限，书中可能存在不足之处，敬请各位读者不吝赐教，予以指正。

目　　录

第一章　财务会计概述

第一节　财务会计的相关界定

一、财务会计的相关概念

（一）财务

财务这一概念广泛涵盖了财务活动及其背后所涉及的经济关系。具体而言，财务活动指的是企业在生产经营中围绕资金展开的各类活动，这展现了财务的具体运作形态；而财务关系则揭示了在这些活动中，企业与各方之间所形成的经济联系，触及财务的深层含义。简而言之，企业财务是企业再生产循环中资金流动的写照，同时也映射出企业与各经济主体间的互动关系。财务不仅代表着国民经济各领域在物质生产再循环中资金流动的客观现象，以及这一过程中伴随的经济联系，更核心的是，它关乎财产的拥有与债务的承担，即资产与负债等财务要素。财务理论则是一套系统化、理论化的知识体系，它以原则为基石，通过科学推理或对财务实践的深刻总结而构建。从内容层面解析，财务理论是对财务实践经验进行理性提炼与升华的产物。它源自长期的财务实践，是人们从具体实践中获取的感性知识经过思考加工后形成的理性认识。在结构上，财务理论是一个有机整体，其内部各要素之间相互关联、紧密配合，由基础理论、实践应用及预测与发展等多个方面共同构成。从形成过程来看，财务理论既是财务实践经验的直接反映，也是研究者对实践进行深入思考、总结归纳的成果，因此它不可避免地打上了特定历史时代研究者认知水平的烙印。

在生产资料私有化的推动下，商品经济得到了显著发展，市场竞争也因此变得尤为激烈。在这样的背景下，社会主义体系内，企业财务与公共福利事业财务占据了重要地位，同时，遍布着数以万计的家庭财务。然而，值得注意的是，大部分家庭并不直接作为生产单位参与经济活动，而是依赖于社会主义企业或事业单位进行生产，因此这些家庭财务主要表现为消费性质。相反，有少数家庭则以家庭为单位进行生产活动，其家庭财务因此具有经营性特征。在社会主义社会的财务体系中，国家财务处于核心地位，对其他类型的财务起着主导和调控作用。与资本主义社会相似，尽管家庭财务作为社会财务的基本构成单元广泛存在，但由于其大多仅承担消费功能，所以并不构成社会财务的基石。实际上，社会主义社会财务的基础牢固建立在社会主义企业财务之上，而经营性家庭财务则作为这一体系的有益补充。这些不同类型的财务之间相互依赖、相互影响，共同构成了社会主义社会复杂的财务网络，深刻反映着社会主义的生产关系与经济格局。

（二）会计

要深入理解会计的定义，首要任务是揭示会计的本质。会计的本质是贯穿其诞生、演变至成熟整个历史进程中的内在逻辑与核心要素，它根植于会计这一社会现象的固有矛盾之中，展现出会计作为一种实践活动所固有的、深刻的、持续且稳定的特性。回顾会计发展的历史长河，不同时代的会计实践各具特色，它们所反映和控制的经济内容、发展水平及采用的技术手段均有所差异，这些差异正是各时代会计独特个性的体现。然而，在这些纷繁复杂的个性背后，会计的本质作为一条主线贯穿始终，构成了不同时代会计之间的共性基础。在人类社会，物质资源的稀缺性与社会需求的无限性之间的矛盾始终存在，这一矛盾促使我们不断探索如何更加高效、合理地利用和分配资源，以实现资源的优化配置。尽管不同历史时期的财务会计在追求的具体目标和性质上可能有所不同，但它们共同的核心目标都是促进资源的最优配置，这是会计活动在不同时代背景下所展现出的共同价值追求。

会计的诞生根植于社会生产实践之中。在生产活动中，人们为了掌握劳动成本与成果，开始记录和计算这些信息，以便回顾过去、把握现状并预见未来。会计正是应这一需求而生。远古时期，会计功能往往作为生产活动的一个附带环节存在，个体生产者甚至仅凭记忆进行简单的账目管理。然而，随着生产力的提升，剩余产品的出现、社会分工的深化及私有制的形成，尤其是商品经济的逐步繁荣，会计逐渐从生产职能中独立出来，成为一门专门的学问。经济活动的精确量化与会计这门软科学的发展是相互促进的。随着经济的持续扩张，经济活动的范围日益广泛，涉及的过程、环节和要素也更加复杂多样。这一趋势促使会计研究的边界不断延伸，从单一的物质要素量化扩展到人力与物力相结合的全面量化，从微观经济主体的内部核算到宏观经济层面的综合分析，从当前经济状况的即时反映到未来趋势的预测评估。此外，人力资源价值、企业社会责任、未来经济事件及自然资源与经济资源配置的效率等问题，也已成为现代会计研究不可或缺的重要组成部分。这充分展现了会计作为一门软科学，在现代社会中日益凸显的重要地位和价值。

（三）经济

经济，简而言之，是对物质资源的全面管理活动，它涵盖了人们从生产到使用、处理再到分配这一系列物资流转的动态全过程。在微观层面，这可以理解为家庭内部对日常事务的规划与安排；而在宏观层面，则上升为国家层面对于经济民生的整体调控与管理。这一过程中，生产构成了经济活动的基础，而分配则是这一系列活动的最终归宿。新常态经济，作为一种新兴的经济形态与发展模式，与过去以GDP增长为核心导向的传统经济模式有着显著的区别。它强调通过发展来驱动增长，追求的是社会的全面进步而非单一的GDP数字增长。新常态经济将价值机制置于市场运作的核心位置，取代了以往的价格机制，旨在构建一个可持续发展的社会主义市场经济体系，这与追求短期增长而忽视长期可持续性的资本主义市场经济模式截然不同。因此，新常态经济在本质上就是社会主义市场经济的体现，它更加注重经济的长期健康发展与社会各领域的全面协调。

市场经济的稳固基石在于独立的市场主体，其中企业作为核心力量，扮演着至关重要的角色。在这一经济体系中，企业的生产决策包括生产内容、规模及方式——均紧密依托于市场需求的规模与结构变化，要求企业能够敏锐捕捉市场供求动态、竞争态势及价格波动，并迅速做出适应性调整。为实现资源的高效配置与优化，市场机制的有效运作离不开一个健全完善的市场体系作为支撑。这一体系的核心在于确保市场中买卖双方数量充足且竞争充分，以此防止垄断势力的形成，从而保障市场资源配置功能的最大化发挥。市场经济，作为社会化大生产催生的高度商品经济形态，其发展历程与社会分工的细化及生产规模的扩张紧密相连。随着生产力的不断提升，市场扩张成为必然趋势，促使不同民族、地区乃至国家间形成相互依存、紧密相连的经济网络，将原本分散的地方市场整合为统一的国内市场，并进一步推动国内市场融入全球，形成广阔的世界市场。在市场经济的日常运行中，无论是市场准入、交易行为还是竞争秩序，均须置于法律的严格规范与保障之下。政府管理部门则需依据完善的法律法规体系，对市场经营活动进行协调与管理，确保市场活动的合法性、公正性与有序性。一个优良的法制环境，是市场主体独立性得以彰显、市场竞争机制有效运行、政府行为规范化及市场秩序井然有序的基石。因此，从根本上而言，建立健全的法治体系是市场经济持续健康发展的内在需求与根本保障。

二、财务会计的概念解读

（一）经济系统角度

经济系统是一个复杂的集合体，它由多个经济元素通过相互关联和相互作用紧密联结，共同构成一个具备特定功能和协调运作的有机整体。从更广泛的视角来看，经济系统不仅涵盖了物质生产领域的各个元素，还涉及非物质生产系统中相互交织、彼此影响的诸多组成部分，共同编织成一个宏大的网络。在这一广义定义下，亚太地区经济系统、国民经济系统、区域经济系统、部门经济系统及企业经济系统等，均被视为经济系统的具体表现形式和组成部分。经济系统在追求目标时展现出多元化的特性。任何系统都承载着一定的目标导向，而经济系统则尤为复杂，它需要在追求经济效益的同时，兼顾社会效益的提升，并审慎考量对生态环境的潜在影响。此外，经济系统还需在长远规划与短期目标之间找到平衡点，这些目标之间既可能相互促进，也可能存在冲突与矛盾。因此，我们在制定经济系统的发展策略时，必须基于实际情况进行深入分析，灵活应对，有时甚至需要同时兼顾并协调多个目标。

在我国市场经济发展进程中，逐步构建了一系列相互关联、互为支撑的程序体系，它们融合为一，构成了统一的运作流程。在此背景下，我国企业构建了会计系统，以满足市场发展中企业对经济信息的高效需求。企业为维护自身权益，积极向市场释放信息，这些信息被市场参与者有效利用，助力他们做出科学有效的决策。决策过程中，各企业和参与者需依托这些信息进行科学判断，同时加强彼此间的控制与合作，在协调共进中实现发展。财务会计人员则深入解析这些信息，细致研究会计系统各部分的特性。会计信息系统的核心在于财务报表的确认，这一过程决定了系统的性质与整体目标，并为财务报告的精准预测与合理评估提供基础。

（二）企业发展角度

企业，简而言之，是追求盈利的经济组织，通过整合各类生产要素，向市场输出商品或服务。它们自主运营，自负盈亏，并独立进行财务核算。在商品经济中，企业作为经济实体的一种形式，旨在最大化投资者、客户、员工及社会的利益，通过商品或服务的交易获取收入。它是社会分工细化的结果，并随经济体制改革与全球化的深入而不断演变。当前，企业面临国内外经济融合带来的新挑战与新机遇，市场竞争愈发激烈。在此背景下，财务会计成为企业管理的核心，负责整合各部门财务信息，为战略规划提供支撑，是企业持续发展的基石。优化财务会计管理，对于提升经营效率、增强经济效益具有不可估量的价值。

企业在其运营历程中，不仅为社会创造了巨大的经济价值，还通过生产商品和提供服务，以最大化利润为核心目标。它们还具备并购其他企业的能力，通过这一过程，在初次分配的基础上进一步实现资源的有效再配置，旨在最大化社会资源的利用效率。初次资源分配往往依赖于市场机制，而后续的再分配则主要由企业来承担和推动。企业的核心使命之一便是在其内部将社会资源转化为必要的生产要素，为生产活动奠定基石。财务会计作为企业内部的关键环节，通过其专业工作，不仅确保了商品与服务的顺畅流通，还促进了经济活动的精细化和高效化，从而间接推动了社会财富的累积。在这个过程中，与企业经济密切相关的各方人员的行为举止，对财务会计工作的有效执行具有直接影响。企业及时、准确地提供财务信息，对于加速企业运营流程、促进市场经济的繁荣都起到了不可或缺的推动作用。此外，企业还扮演着寻租者的角色，通过公开发行证券等手段，实施对其他企业的并购战略，在资源的再分配过程中实现了社会资源的进一步扩大和整合。在企业内部，资源被精心转化为生产要素，并通过科学的组合与运用转化为实实在在的生产力，进而推动了社会财富的持续增长。从资源配置的角度来看，初次配置由市场主导，而企业则承担起资源再次配置的重任，将资源转化为生产力，最终促进企业财富的不断膨胀。

（三）信息数据角度

会计是转化企业经济数据为关键经济信息的核心环节，它涉及将企业的交易与事件转化为直观的财务信息。企业的资源、所有权及其变动直接受交易驱动，这是不争的事实。然而，将交易数据转化为财务信息时，背后的经济变动细节往往难以直接洞察。会计信息，作为展现企业财务健康、经营成效及资金动态的关键，是会计核算过程与结果的直接反映，也是评估企业表现、指导再生产与投资决策的基石。它主要通过财务报表、报告及其附注等形式，向投资者、债权人等利益相关方披露企业的财务状况和经营业绩。会计数据，作为会计信息的原始素材，记录着各项会计业务活动。在会计实践中，这些数据源自多样化的渠道，包括但不限于各类原始会计资料、凭证及记账记录，如某日仓库的具体进货数量与金额、某产品的产量与成本等。

相较于其他类型的数据，财务数据展现出更高的信息密度与集中度，其蕴含的内容与信息层次更为丰富。深入剖析"大数据时代"的内涵，我们不难发现，对于集团而言，实施财务数据的集中化管理与控制策略对集团的整体发展具有举足轻重的意义。此举不仅确保了集团财务状况能够得到精准无误的分析与前瞻预测，还极大地丰富了企业运营情况的资料库，为股东及管理层提供了通过数据透镜洞悉集团全貌的宝贵途径。通过对财务数据的系统性整合与归纳，集团财务团队能够构建起一个更为全面、清晰的财务状况认知框架，不仅便于他们回顾并审视特定阶段内的集团收支状况，还能依据这些数据开展深入的财务分析，从而更为准确地评估集团的财务健康状况及各分支机构的财务运营效率。尤为重要的是，这些数据还像一面镜子，映射出集团及其下属公司在过往运营中遭遇的种种挑战与问题，为后续的财务预算分析与策略制定提供了坚实的数据支撑与参考基准。

（四）市场环境角度

市场，这一词汇源自古代，最初指代人们定期相聚进行买卖的特定地点。随着时间推移，市场的含义逐渐拓展，现今它包含了两层意思：一是指具体的交易地点，如传统市集、股市、期货市场等；二是泛指所有交易行为的总和，即市场不仅仅是一个物理空间，更涵盖了广泛的交易活动。因此，讨论市场大小时，我们关注的不仅仅是物理空间的大小，更重要的是交易活动的活跃度与消费行为的繁荣程度。从更广泛的角度来看，任何涉及产权转移或交换的行为都可以视为市场活动的一部分。市场作为商品交换得以顺畅进行的基石，是商品流通领域内所有交换活动的总和。而市场体系则是一个由多种专业市场（如商品服务市场、金融市场、劳务市场、技术市场、信息市场、房地产市场、文化市场、旅游市场等）构成的复杂网络，这些市场各具特色，相互依赖又相互制约，共同推动着社会经济的繁荣与发展。

市场根据功能差异可细分为金融市场、资本市场等多个类别，其中财务会计特别关注的是资本市场。一个未受政府过度干预的市场，通常被视为有效市场，这类市场中传递的会计信息具备高度的真实性和公开性，尤其是那些关乎盈利状况的财务信息。对于所有上市公司而言，参与资本市场是必经之路，这要求它们必须依托可靠的财务报告作为支撑。因此，上市公司必须严格遵守相关法规，精心编制并发布准确、详尽的财务信息，以确保财务报告的质量。

第二节　财务会计的职能目标

一、财务会计的主要职能

（一）核算职能

企业财务核算体系的运作需紧随生产规模的扩张步伐，确保对事业部实行高效科学的管理，并迅速响应决策需求，从而强化市场竞争力。财务管理的能力与企业所处的成长阶段应相得益彰，任何超前或滞后的管理状态都可能成为企业进步的桎梏。这意味着财务部门的职能界定、组织架构与岗位配置，以及财务与会计的基本管理制度，都需随着企业的发展动态进行调整和优化。财务预算体系作为企业经营运作的基石，是管理支持体系中的关键一环，它与其他管理流程紧密协作，共同支撑企业的营销、计划、采购生产、库存等核心业务环节。通过实施全面预算管理策略，企业能够清晰界定并量化经营目标，规范管理流程，确保各责任中心职责明确，权责清晰，并建立起科学合理的考核体系，为企业的稳健前行奠定坚实基础。综上所述，企业财务核算体系的构建与优化，旨在紧密贴合企业生产规模的扩张需求，提升综合竞争力。通过对管理需求的深入剖析，我们能够构建出一个既完整又高效的财务核算框架，为企业的可持续发展保驾护航。

企业高管鲜少能直接获取第一手资料，大多依赖报告系统获取经过加工分析的信息。企业报表分两类：一是面向外部的财务报表，侧重核算信息；二是面向管理层的管理报表，侧重经营管理信息。然而，实践中常将两者混为一谈，仅凭核算导向的财务报表来指导管理决策。尽管存在管理导向的报表，但这些报表往往偏重控制信息，缺乏非财务数据整合，且其结构、信息收集标准及报送频率等均未能紧贴管理决策的实际需求，因此难以有效辅助决策过程。

（二）监督职能

财务监督是通过财务指标单独或综合应用，对企业的运营活动进行审视、评估、建议及推动改进的过程。它目标明确，旨在确保企业活动遵循既定程序与标准，推动管理行为的合法性和科学性。作为公共组织财务管理不可或缺的一环，财务监督不仅是国家财政监督的基石，还对于规范财务行为、强化财务纪律、优化财务管理、确保预算目标达成等方面发挥着关键作用。

财务监督旨在通过审核公共组织的财务运作，确保其收支合法合规，经营管理透明高效。这一过程不仅能揭露并打击贪污、欺诈等违法违纪行为，追究责任人的法律责任，还能确保国家法律法规、政策预算得到严格执行，维护财经秩序和制度严肃性。同时，它保障了财务报告的真实可靠，保护了国家财产不受侵害，稳固了社会主义经济秩序和法治基础。财务监督还能精准把脉公共组织在财务管理中的症结与短板，提出针对性的改进策略，促进财务管理水平提升。通过深入分析财务活动，可以清晰掌握资源分配与利用状况，激励公共组织优化资源配置，提升管理效能，实现资金使用的效益最大化，为社会创造更多价值。

（三）预测职能

随着社会经济的持续进步与管理模式的现代化转型，会计的角色与职责已悄然演变，涌现出诸多新兴功能。除了传统意义上的核算与监督两大基石外，会计还承担起分析经济态势、预测未来经济趋势，以及深度参与经济决策等重要任务，形成了一套全面的职能控制体系。

管理需求的升级促使会计核算的范畴从单纯的事后总结拓展至事前规划与事中调控。事前核算侧重于前瞻性预测，助力决策制定；而事中核算则强调在计划执行阶段，通过核算与监督的紧密结合，实现对经济活动的实时调控，确保其遵循既定计划与目标前行。国家历来高度重视会计工作，对企业管理者提出了更高要求。现代企业家作为企业的领航者，不仅需精通经济理论，还需深入掌握财务会计领域的专业知识，包括财务规章制度、经济法律法规、商品流通与核算原理、资金运作、成本控制、利润管理等。同时，他们还需具备计划制订、预算管理、统计分析等综合能力，能够运用这些数据工具，洞悉内外环境，有效指导企业运营。因此，一位优秀的企业家，应当是生产知识与财务智慧的完美结合体，能够深刻理解企业成本结构、资金流动与利润状况，并紧密跟踪产、供、销各环节动态，从而精准把握经营脉搏，有效解决核心问题，开创发展新局面，实现业绩新突破。

计划的制订应根植于科学的预测之上，这些预测旨在映射出企业在积极努力后，于未来可能触及的收入、成本及利润界限。鉴于未来科技发展趋势、管理水平跃升及市场供需动态的不可预测性，管理会计人员的工作重心需从单纯的企业内部视角拓展至广阔的市场领域，强化对市场信息的收集、精细化处理与深度分析，以确保预测结果更加贴近实际，兼具科学性与合理性。值得注意的是，科学预测展现的是潜力而非硬性指标，它描绘的是努力后可能达成的图景，而非必须达成的任务，因此目标设定不可直接照搬预测结果。计划编制过程通常包含两大核心环节：首先，基于量本利分析的框架，明确通过不懈努力应达成的销售目标与成本控制目标，进而形成总体或周期性的战略规划；其次，针对不同行动方案的经济效益进行前瞻性评估与优选，这一环节聚焦于个别项目的精细化规划。将这两方面工作有机融合，能够精准确立企业目标，并细化出实现目标的具体路径与措施。在实施阶段，会计发挥着不可或缺的评估作用，它通过对实际数据与计划指标的对比分析，评估经济计划的执行成效。同时，会计还肩负着横向（如本财年与上财年对比，或与行业标杆对比）与纵向（企业内部各环节剖析）的差距分析任务，旨在发现不足，深挖根源，为企业扬

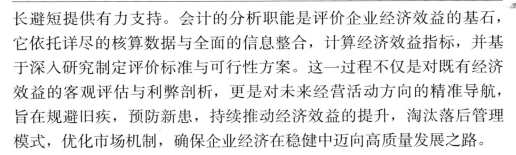

长避短提供有力支持。会计的分析职能是评价企业经济效益的基石，它依托详尽的核算数据与全面的信息整合，计算经济效益指标，并基于深入研究制定评价标准与可行性方案。这一过程不仅是对既有经济效益的客观评估与利弊剖析，更是对未来经营活动方向的精准导航，旨在规避旧疾，预防新患，持续推动经济效益的提升，淘汰落后管理模式，优化市场机制，确保企业经济在稳健中迈向高质量发展之路。

（四）决策职能

随着社会主义市场经济体系的日益成熟与完善，企业面临着不断变化的外部环境，迫使其内部必须实施相应的转型与革新，以更好地适应当前社会经济条件。为此，企业需借助科学的经济预测手段，确保决策的正确性，进而推出具备强大市场竞争力的产品系列。企业会计作为连接企业内外经济活动的桥梁，其工作范围广泛，能够全面整合各类信息，深刻反映经济活动的全貌。在实际操作中，会计利用收集到的经济数据，结合统计资料、生产计划等关键指标，对企业所处的经济环境进行细致入微且科学的分析，为企业量身定制符合其实际发展需求的战略决策，从而助力企业实现更佳的经济效益。综上所述，企业经济效益的提升与会计工作的质量紧密相关，二者相辅相成，缺一不可。要充分发挥会计的职能作用，并持续加强会计监管力度，方能推动企业经济效益的稳步增长。因此，高质量的会计工作不仅是企业精准预测经济走势、有效规避风险、制定正确决策的重要基石，更是确保企业实现长远发展目标、稳健前行的有力保障。

（五）评价职能

企业绩效评估，简而言之，是通过应用数理统计及运筹学等原理，结合一系列特定的指标体系，并遵循统一的衡量标准和既定流程，进行的一场综合性的评价活动。这一过程既包含定量也包含定性的对比剖析，旨在对企业某一经营周期内的经营成果及管理层表现进行全面、公正且精确的评价。其核心特点在于，评估直接针对企业法人实体，聚焦于其盈利能力、资产质量、债务状况及经营成长性等关键领域。

为了达成这一目标，评估会依托能够精准反映上述方面的量化与性质指标作为核心依据，并进一步将这些指标数据与同行业及规模以上企业的平均水平进行对比分析，最终确保对每个企业都能给出一个既公正又客观的评价结果。

二、财务会计的核心目标

（一）报告委托责任

在当今社会经济持续发展的背景下，为了充分满足信息使用者对于企业机遇、潜在风险、当前状况及未来展望的全面认知需求，财务会计报告的内容亟待丰富与拓展。它不应仅仅局限于展示企业的财务健康度、经营绩效及现金流量等基本信息，而应更加广泛地涵盖诸如企业背景、知识资本、社会责任承担情况及对未来的展望等表外信息，这些信息对于辅助决策者做出明智的商业判断至关重要。与此同时，鉴于企业员工素质要求的日益提升，财务会计报告还应额外纳入公司管理层与员工的组织效能、管理模式及人力资源价值等方面的信息，以全面反映企业的人力资源状况及其对企业整体价值的贡献。更为重要的是，随着无形资产在企业价值构成中占据的比重不断攀升，传统财务会计报告过度聚焦于有形资产的局限性愈发凸显。因此，对财务会计报告的编排形式与内容进行科学合理的改革已势在必行。

财务会计报告的质量，特别是其相关性、真实性和可靠性，直接关乎对受托责任履行成效的评判，进而催生了所有者对报告质量的高标准期待。在受托责任会计目标的框架下，会计信息扮演着回顾经营者在过去一段时间内如何维护并增值资本的关键角色。这意味着，所提供的会计信息必须紧密贴合所有者的信息需求，同时确保准确无误地映射出经营者责任履行的全貌。这一需求导向，自然而然地引出了对财务会计报告在相关性、真实性和可靠性方面的严格要求。进一步而言，在受托责任会计目标的语境下，会计信息的客观性和可验证性成为其不可或缺的基石。

（二）信息需求提升

我国资本市场正处于成长阶段，其财务会计信息的需求者构成与发达国家资本市场相比，展现出显著的差异性。基于我国当前的市场环境，我们可以直观地将财务会计信息的需求者群体划分为两大主要阵营：一是针对上市公司的财务会计信息需求者，二是针对非上市公司的财务会计信息需求者。进一步细分，这两大阵营内部又可依据企业的资本规模、产权配置、组织形式、公司治理架构、所处行业特性等因素，细化为多个层次的需求者群体。值得注意的是，这些不同层次的群体在财务会计信息的需求上各具特色，且随着企业生命周期的不同阶段，其关注的侧重点也会发生相应变化。因此，为满足我国当前多元化、多层次的财务会计信息需求，我们需确保提供的财务信息能够精准对接各群体的特定需求，实现信息的有效供给与利用。

投资者在决策过程中，既渴求洞悉企业未来的业绩走向及潜在的经营风险，以便据此做出明智选择，这要求会计计量与披露更多地聚焦于现行价值，强调信息的关联性与实用性；同时，他们也极度依赖那些能精准反映管理者勤勉程度的会计信息，而历史成本因其固有的可靠性，在此方面展现出独特优势，成为维系契约有效性的关键。然而，在投资者与经营者之间信息不对称的复杂背景下，那些擅长缓解逆向选择问题的会计系统，却往往在促进契约高效执行上显得力不从心。投资者所处的环境，既充满了逆向选择的挑战，也伴随着道德风险的考验。遗憾的是，完全契合相关性与可靠性双重标准的会计信息，在现实中如同镜花水月，难以寻觅。这意味着，财务会计在编制报告时往往难以同时兼顾投资者对于决策支持信息与契约保障信息的双重需求。因此，财务会计信息的提供者不得不在支持投资者决策与满足契约有效性需求之间，寻找一个微妙的平衡点，以确保信息供给既能满足投资者的核心关切，又能为契约的顺利执行提供有力支撑。

（三）信息处理公布

投资者与债权人普遍将财务会计信息的高效处理与及时发布视为重中之重，因为这直接关系到他们能否迅速响应企业的风险与回报状况。同样，这也是国家统计部门紧密关注的焦点。若财务会计信息披露滞后，统计部门就不得不投入大量资源于烦琐的统计调查工作，随后还需对这些数据进行复杂的核算与估算，这一过程不仅可能削弱核算数据的精准度，还可能延缓国家层面宏观经济决策的出台。鉴于此，提升财务会计信息的时效性显得尤为迫切，这要求我们加速推进企业财务会计电算化进程，并构建覆盖全国的财务会计信息收集、深度分析及快速检索网络。为实现这一目标，建立一套能够即时提供信息的财务报告体系至关重要，它将从根本上保障财务会计信息在处理与发布环节的高效率与及时性。

（四）专业人员培养

为了推动企业财务会计目标的革新，一个核心策略是培育财务会计人员具备卓越的创新能力与开拓精神，这构成了企业会计目标创新的关键路径之一。会计人员的创新意识在此过程中扮演着举足轻重的角色，因为企业会计工作的每一个环节都离不开会计人员的实际操作与贡献。企业的发展离不开人才，尤其是那些能够引领变革的创新型人才。若会计人员缺乏必要的创新能力，那么会计目标的创新将无从谈起，且难以取得实质性进展。因此，我们需要充分激发企业会计人员的主观能动性，鼓励并促进其创新能力的提升，旨在实现财务会计信息系统功能与会计信息使用者需求之间的无缝对接与深度融合。唯有那些具备创新精神与意识的会计人员，才能在日常工作中始终将创新视为首要任务，不断寻求突破与改进，最终推动企业财务会计目标实现真正意义上的创新。

企业财务管理的效能与企业的生存状态及发展潜力紧密相连，而这一切的核心驱动力在于财务会计人员的整体素养与专业水平。审视当前现状，财务会计人员的培养体系尚存诸多短板，诸如对现代信息技术应用不足、理论与实践脱节，以及培训体系缺乏有效考核机制等，这些问题均是企业运营与成长中不容忽视的挑战。鉴于市场环境日新月异，企业间的竞争愈发激烈，财务会计工作在企业战略布局中的价值日益凸显。因此，加强对财务会计人员的综合培养，对于推动企业稳健前行具有不可估量的意义。在新时代背景下，要实现这一目标，企业应聚焦于几个关键领域：一是深化现代信息技术在财务会计工作中的融合应用，提升工作效率与精准度；二是强化理论学习与实操训练的有机结合，确保知识能够迅速转化为实践能力；三是建立健全培训考核机制，确保培训效果可量化、可评估，从而真正提升财务会计人员的专业素养与综合能力。

第三节　财务会计的现存问题

一、财务会计的主要问题

（一）财务会计信息失真

财务会计信息，简而言之，是经济活动主体遵循的法定会计准则，向信息需求方披露的反映其经济状况的数字化资料。这些信息是决策过程中的关键基石，但若未能真实再现经济活动的原貌，以不实数据误导使用者，进而引发决策偏差或失误，则构成了财务会计信息失真。财务会计信息失真的后果极为严重，其虚假性不仅误导经济行为，还可能在生产规划、投融资决策、利益分配及宏观与微观经济调控等多个层面引发策略偏差，最终可能导致决策失误，甚至激化社会矛盾。具体到企业层面，短期看，失真信息或能营造虚假繁荣的假象；但长远而言，它必将削弱企业的实际经营能力，甚至诱发严重的经济违法行为。无论是哪种情况，都将严重阻碍企业的健康发展。鉴于企业在社会经济活动中的核心地位，若财务会计信息失真现象泛滥，则整个社会的经济秩序将面临崩溃的风险，进而可能触发经济危机与社会动荡，其影响之深远不容忽视。

企业会计信息不仅是经济信息的重要基石与构成部分，还是国家层面制定宏观经济调控政策时不可或缺的参考依据。一旦企业会计信息失真问题趋于严重，其后果将是多方面的，它不仅可能诱导宏观经济决策偏离正轨，还可能扰乱既定的经济秩序，进而对区域经济的健康发展造成阻滞。特别是企业会计信息失真对各类利益主体，尤其是投资人和债权人的合法权益构成了严重威胁。若企业为追求不正当利益而提供虚假会计信息，如夸大经营成果、隐瞒亏损或虚增利润以哄抬股价，这无疑会误导投资者，导致他们蒙受经济损失。同样，若企业在资产负债表上玩弄数字游戏，进行不实披露，也将使债权人在决策时误入歧途，最终损害其利益。

（二）从业人员素质低下

当前，我国企业在信息化、数据化及会计电算化的道路上尚处于起步阶段。这一现状显著影响了财务会计人员对专业理论知识的准确理解和应用。具体而言，许多财务会计人员在实际工作中，对于管理会计与基础会计、注册会计师与初级会计师之间的界限与联系缺乏清晰认识，导致实践中常出现岗位设置与人员能力不匹配、资源错配的问题，进而削弱了财务管理和会计核算的效能。在财会工作体系中，管理会计与注册会计师作为高级会计岗位，本应发挥关键作用，引领整个财会部门的发展。然而，由于企业财务会计人员对高级会计理论的理解未能紧密结合我国实际国情，难以将先进理论有效融入企业文化之中，这不仅限制了财务会计人员自身综合素质的提升，也阻碍了企业整体效益的增强。

在企业财务会计的日常运作中，一个普遍现象是财会人员的工作表现参差不齐。作为企业财务会计队伍的主力军，普通会计人员相较于高级会计而言，在业务熟练度和岗位应对能力上往往略显不足，难以达到游刃有余的境界。这部分原因可归咎于传统的金融与财会教育体系，它们在一定程度上塑造了财会人员的思维框架，使得即便面对经济环境的日新月异，许多财务会计人员仍因认知局限而未能紧跟时代步伐，而继续沿用陈旧的管理策略和操作方法。此外，繁重

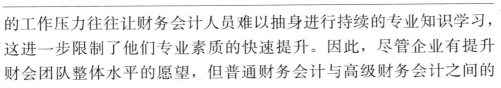

的工作压力往往让财务会计人员难以抽身进行持续的专业知识学习，这进一步限制了他们专业素质的快速提升。因此，尽管企业有提升财会团队整体水平的愿望，但普通财务会计与高级财务会计之间的能力鸿沟依然显著。

（三）财务基础相对薄弱

企业财务基础工作的核心价值在于，它能够有效提升会计工作的专业度，进而带动企业管理效能的整体跃升，为企业的长远发展奠定坚实基础。当前，财务工作面临的挑战主要集中在现金流量管理、记账凭证处理、内部控制机制及人员配置与优化等方面。为解决这些问题，我们需树立正确的财务管理观念，完善财务制度体系，强化人员专业能力培养，深化内部控制建设，以全面推动企业的稳健前行。在我国经济蓬勃发展的背景下，众多企业步入了快速扩张的轨道。然而，这一过程中，部分企业过于聚焦于规模扩张与销量提升，忽视了财务管理的核心地位，导致内部控制体系不健全，财务管理制度存在漏洞，核算流程缺乏规范性。即便有些企业已建立了较为完善的财务会计制度，但在执行层面却大打折扣，使这些制度沦为了应对外部检查的摆设。这种财务基础薄弱、控制力不足的现状，已成为制约我国企业财务管理水平提升的关键因素，亟待我们采取切实有效的措施加以解决。

企业内部的财务基础工作规范化，不仅是构建完善财务体系、提升专业人员素养的重要驱动力，还能显著提升管理层的标准意识，为财务活动筑起坚实的监督与管理防线，确保财务制度与财经纪律的严格执行。这一过程如同精简流程、剔除冗杂的利器，有效提升了经济活动的透明度和规范性，从而增强了企业会计工作的整体效能。财务基础工作作为企业发展的基石，其规范化管理绝非易事，而是一项复杂且系统的工程。因此，企业财务人员必须深刻认识到这一点，将其视为己任，不断自我提升，全面提升个人综合素质。只有这样，才能确保财务基础工作规范化管理的顺利实施，发挥其最大效用，为企业的持续健康发展注入强劲动力。

二、财务会计的影响因素

（一）经济环境

我国是一个以生产资料公有制为主体，同时鼓励多种经济成分共同繁荣的社会主义国家，其中国有企业扮演着经济领域的主导角色。在经济体制层面，我国实行的是社会主义市场经济体制，这一体制强调市场调节与国家宏观调控的有机结合，两者相辅相成，缺一不可。特别是在社会主义市场经济体制尚未完全成熟之前，由于宏观经济中的微调机制尚待完善，政府更倾向于通过加强国家宏观调控的手段，运用一系列政策措施来确保经济总量的平衡与稳定。在分配制度上，我国坚持按劳分配为主体，同时允许其他分配方式作为有益补充，这些独特的经济与社会特征共同塑造了会计领域的中国特色。具体而言，政府在宏观调控方面的强大力量，深刻影响了我国会计管理体制的构建。在社会主义市场经济体制下，企业享有自主经营权，并承担自负盈亏的责任，国家不再直接干预国有企业的日常运营。然而，这并不意味着国家完全放手不管，相反，国家通过制定会计准则这一重要途径，来体现其对会计信息质量和内容的具体需求，从而间接引导企业的财务行为。因此，政府行为在会计领域的影响是深远且显著的。

自改革开放以来，科学技术便日益受到高度重视，其与社会发展的融合愈发亲密无间。尤其是经济全球化浪潮席卷之下，国与国之间既展开了激烈的竞争，又形成了紧密的相互依存关系。在此背景下，高科技领域的合作与竞争，已成为衡量国家间经济合作深度与广度的重要标尺。知识经济的蓬勃发展，更是深刻改变了财务会计的生态环境。会计，这一古老而常新的职业，始终紧随时代大潮，不断自我革新。当前，知识经济正以前所未有的力度重塑经济结构，对经济运行模式及效率产生了深远影响。会计，作为现代化发展中不可或缺的一环，其重要性不言而喻。随着科技的飞速进步，电子计算机等现代信息技术已广泛应用于会计领域，极大地提升了会计工作的效率与精准度。面对知识经济的更高要求，财务会计需不断进化，以提供更加迅速、精确且全面的信息支持，确保在复杂多变的市场环境中，企业能够迅速响应，做出明智决策。在此背景下，财务会计的改革势在必行。新时期的财务会计，不仅要在形式上创新，更需在实质上拓展其核算边界，特别是要加强对无形资产的识别与计量。我们需深刻认识到知识生产力的巨大价值，紧跟新概念、新法律、新变革的步伐，不断拓宽视野，从而在客观上扩大无形资产的核算范畴，为企业的长远发展奠定坚实基础。总而言之，社会的发展呼唤我们不断更新观念，强化对科学知识的尊重与运用。通过加强财务会计领域的改革与创新，我们不仅能够提升企业经济效益，更能推动整个社会经济的持续健康发展。

（二）科技环境

科学是探索自然界、社会运行及思维规律的综合性知识体系，它源自社会实践并随之不断演进。技术则是实现物质生产所需的方法和技能。科技的进步是推动社会前进的核心动力，作为首要生产力，科技在社会发展中扮演着引领和变革的关键角色。科技的飞跃不仅更新了人们的科技观念，还引发了技术手段的深刻变革乃至革命性突破。

随着全球科学技术的迅猛发展和社会经济的持续繁荣，会计学科的发展步伐却显得相对滞后，尤其是在会计方法体系的革新和会计信息传播形式的现代化方面，与当前飞速发展的形势之间存在着显著的不匹配。在经济全球化的大潮中，会计信息不仅成为企业参与国际市场竞争的重要元素之一，其国际化趋势也为会计信息的组织、传递机制提出了更高的国际化和标准化要求。这促使会计系统在全球范围内面临统一化的挑战，涵盖会计目标的设定、会计流程与方法的优选、会计信息质量的把控、会计规范框架的构建及会计报表格式的采用等多个层面。步入知识经济时代，企业的生存与发展愈发依赖于人力资本、知识产权、专有技术、信息资产等无形资产。这一转变使得会计核算的焦点自然而然地由传统的有形资产转

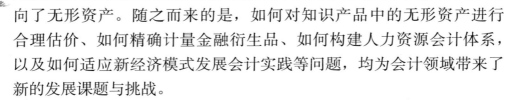

向了无形资产。随之而来的是，如何对知识产品中的无形资产进行合理估价、如何精确计量金融衍生品、如何构建人力资源会计体系，以及如何适应新经济模式发展会计实践等问题，均为会计领域带来了新的发展课题与挑战。

（三）教育环境

会计是社会经济进步的必然产物。回顾会计的发展历程，不难发现其每一步演进都深深烙印着社会环境变化的痕迹。其中，人文环境作为社会环境的关键组成部分，对会计管理活动的方向与成效起到了至关重要的影响与塑造作用。因此，深入探究人文教育如何作用于会计领域，并据此强化人文教育，营造一个更加积极的人文氛围，对于推动当前会计行业的蓬勃发展具有举足轻重的意义。鉴于我国教育普及程度尚待提升，会计从业人员的整体素质参差不齐，他们所采用的会计工作方法与技术手段，以及财务报告的编制标准，普遍处于较低水平。整体来看，会计人员的学历结构偏低，知识体系老化且缺乏深度，这直接导致了许多理论上先进而完善的会计方法却难以得到有效应用，即便实施也往往难以达到预期效果。此外，部分会计信息的使用者因教育水平有限，对会计信息的理解和利用能力也相应受限，进而削弱了会计信息的实际效用和价值。

随着经济的蓬勃发展，当前市场环境下，对于兼具创新精神与多元能力的复合型会计人才的需求日益迫切。然而，高等教育机构在培养此类人才方面，其供给量远未能满足社会的广泛需求。在充满竞争的市场经济背景下，社会各界应高度重视对会计人才进行社会责任感的培养，同时强化他们的竞争意识与开拓创新精神，而非仅仅局限于会计专业技能的传授与掌握。因为单纯拥有会计专业知识的人才已难以适应快速变化的社会发展需求，新时代的会计人才需兼备深厚的人文素养与坚实的专业基础，这样的素质唯有通过加强人文教育才能得以塑造与提升。因此，强化人文教育成为满足市场经济条件下对会计人才多元化需求的必由之路。

第四节 财务会计的发展趋势

一、财务会计的未来趋势

（一）专业化趋势

财务会计工作的核心在于对财务信息进行分类整理、精确记录、科学计量、合理计算并准确报告。此过程需确保信息的准确无误与及时更新，且财务会计系统需紧密贴合企业运营的全流程。为实现这一目标，财务会计人员需成为集高智能与多元技能于一身的复合型人才，融合科技、管理知识及创新思维于一体。具体而言，财会人员需精通财务会计、管理会计与审计的基础理论，同时广泛涉猎相关领域知识，深入了解企业运营流程、产品生产工艺等细节，以全面支撑其专业工作。

企业的每一项业务活动都会伴随相应的会计信息生成，形成一对一的业务与会计信息关联。财会人员肩负着确保这些信息的准确无误与及时记录的重任，进而通过深入的数据分析整理，为企业领导层及投资者编制出清晰、全面、易于理解的财务报告。这份报告旨在让决策者全面把握企业的财务健康状况，为其战略决策、投资规划及营销策略的制定提供坚实的数据支撑。因此，财会人员需具备卓越的分析能力，能从纷繁复杂的财务数据中提炼出提升盈利、指引投资方向及优化市场策略的关键信息。在当今社会经济高速发展的背景下，诚信已成为衡量个人与组织行为的重要标尺。对于财务会计人员而言，确保会计信息的真实性与有效性不仅是职业的基本要求，更是诚信精神的直接体现。随着网络信息技术的飞跃，财务会计领域也迎来了前所未有的发展机遇，企业信息日益透明化，使得会计信息的真实性接受着来自社会各界的广泛监督。这要求我们的财会人员必须秉持诚信为本的原则，坚守职业道德底线。然而，不容忽视的是，我国部分会计人员仍面临诚信缺失的问题，职业素养有待提升，个别人员甚至因金钱诱惑而违背职业道德。为此，构建完善的财务会计职业道德体系，强化职业道德教育，提升行业整体道德水平，已成为当务之急。

（二）多元化趋势

从我国现状出发，会计师事务所占据了会计服务领域的核心地位，它们作为专业的服务机构，广泛向会计主体提供多样化服务，涵盖审计、资产评估、管理咨询、工程造价咨询、税务代理等多个领域。尤为显著的是，审计业务在事务所的业务版图中占据了超过八成的比重，核心聚焦于年度财务报表审计及上市公司审计。然而，由于我国会计师事务所普遍起步较晚，尚未充分树立起行业内的良好形象和信誉，资本积累相对薄弱，同时在运营模式、技术手段、人员专业能力及机构规模等方面，与国际同行相比仍存在不小的差距。随着市场竞争机制的不断完善与加剧，我国会计师事务所行业呈现出蓬勃发展的态势，但同时也面临着多元化与专业化并进的挑战。为了在这样的环境中稳固并提升自身地位，国内会计师事务所可以积极寻求与国际知名会计师事务所的合作契机，借助其强大的品牌影响力加速自身发展。同时，依托国内已具备较强实力的会计师事务所作为坚实后盾，共同参与国际财会服务市场的激烈竞争，以此提升我国会计师事务所的国际知名度，进一步增强其在国内外的竞争实力。

构建一个多元化的会计信息系统，虽然被视为一种理想化的模型，但在实际设计与应用过程中，仍需克服诸多挑战与难题。一个关键问题在于，当前许多数据库的基本特性，如独立性、共享性、多维性及集约性等方面存在不足，这直接影响了会计事项与数据库技术融合的效果，可能导致一些不尽如人意的状况出现。为了满足不同利益相关者对同一会计数据的多样化需求，往往需要根据不同的会计政策对数据进行处理，这就要求会计理论与数据库技术必须紧密结合。然而，这种结合在实际操作中并非易事，难免会出现偏差或错误。此外，随着网络技术的广泛应用，虽然为企业带来了便利与效率，但同时也对会计信息的安全性构成了潜在威胁。

（三）信息化趋势

随着信息时代的全面降临，其深远影响无疑已渗透社会经济的每一个角落，会计领域自然也不例外，正遭受着前所未有的巨大冲击，并促使我们重新审视与重塑传统会计模型，以应对新时代的挑战。现代信息技术对会计领域的革新，尤为显著地体现在会计的存在形态与发展路径上，这一变革不仅根植于社会经济环境的变迁，更深刻地受制于信息技术的飞速进步。理论上而言，会计模型的构建与其中各项规则的设立，均需紧密贴合其所处的社会经济现实，但与此同时，这些规则的可行性又无不受限于信息技术的支撑能力。在传统会计模型中，手工会计技术主要扮演了记账、算账的辅助角色，其局限性日益凸显。若仅将现代信息技术视为自动化工具的简单升级，而未能借此契机对传统会计模型进行根本性的重构与创新，那么就如同企业面对困境时，仅寄希望于购买几台电子计算机便能轻松化解所有难题，这显然是不切实际的幻想。当前，现代信息技术的发展正引领全球范围内一场轰轰烈烈的信息化革命，社会信息化已成为不可逆转的时代潮流。而企业作为社会经济的基本单元，其信息化水平则是社会信息化进程的重要基石。尤为关键的是，会计信息化作为推动企业信息化的核心动力，其重要性不言而喻。因此，加快会计信息化的发展步伐，不仅是对时代潮流的积极响应，更是我国下一阶段信息化建设工作中不可或缺的关键任务。

在大数据时代的浪潮中，财务信息化迎来了前所未有的数据资源与技术支撑。因此，现代化企业应敏锐捕捉这一机遇，将信息化建设视为战略重点。首要任务是，企业应慷慨投资，构建高效的信息化平台，这样的平台将成为信息检索与分析的得力助手，显著提升运营效率。其次，信息化建设是一项系统工程，离不开专业且多技能人才的支撑。会计从业者需不断自我提升，既要深化财务专业知识与技能，又要紧跟时代步伐，掌握计算机科学与网络技术，以便在浩瀚的数据海洋中精准捕捞出对决策至关重要的信息。最后，为了充分挖掘大数据的潜力，企业还需熟练掌握并善用新兴技术工具。云计算、数据挖掘等先进技术，是解锁数据深层价值的关键钥匙。只有熟练驾驭这些工具，才能确保数据的精准性与决策的科学性，从而在激烈的市场竞争中占据先机。

二、财务会计的发展策略

（一）加强财务监督职能

企业会计监督构成了财务管理体系的基石，它对于维护企业财务稳定、防范风险、积累发展潜力并激发企业持续活力至关重要。因此，强化企业会计监督对于内部管理而言具有不可替代的现实价值，是推动企业长远发展不可或缺的一环。要实现这一目标，就必须不断提升内部管理效能，并将加强企业会计监督视为企业发展的必由之路。而健全的管理体系则根植于完善的制度构建之上，建立健全企业管理制度，确保管理有章可循、有据可依，是企业实现内部有序运营、稳健前行的有力保障。

在我国，众多企业倾向于仅在年终时进行现金盘点，这一流程通常由出纳人员执行，负责确认现金的实际库存量，随后会计会复核这些数字并与总账记录对比，确认二者是否相符，并据此填写现金盘点报告。然而，值得注意的是，特别是在中小企业中，由于部分会计人员的责任心缺失，即便在盘点过程中发现问题，也可能选择隐瞒不报，甚至伪造数据以图掩盖，这极大地增加了企业运营的风险。因此，强化对企业财务会计人员的监督与激励机制，提升其职业素养与责任心，显得尤为重要。这不仅能促进问题的及时发现，还能有效减少企业因此遭受的损失。同时，企业还需高度重视银行日记账与银行对账单的核对工作，确保所有未达账项的真实性与准确性。在银行存款管理方面，企业应安排专人于每月末与银行进行账目核对，待确认无误后方可编制会计报表。一旦发现任何差异或错误，应立即着手调查原因，并迅速采取纠正措施，以确保企业财务状况的准确反映与资金安全。

（二）结合现代先进手段

随着我国社会主义市场经济持续繁荣，企业经营活动愈加频繁，市场环境日新月异，这直接导致企业需处理的财务会计信息量急剧增长。这一趋势对企业财务会计管理构成了严峻挑战，因为企业管理层对会计信息的时效性、准确性要求日益提升，尤其是在信息化浪潮席卷全球的今天。为确保会计信息的真实性、准确性、可靠性和及时性，企业亟须摒弃传统的信息处理方法，对财务会计管理手段进行现代化革新。具体而言，就是更多地采用计算机技术和各类网络技术来高效处理会计信息，此举不仅能显著提升信息处理的质量与效率，还能确保企业财务会计信息能够迅速、准确地传递至管理层手中，为其科学决策提供坚实的数据支撑。

在信息化时代，企业财务会计的转型与升级，不仅能让企业在日新月异的竞争环境中稳固立足，还能有效推动企业优化经营管理模式，实现经济效益的显著提升。这种信息化转型能够为企业决策者提供更为精准、及时的财务数据支持，从而增强决策的科学性和合理性。对于财务会计从业人员而言，紧跟大数据时代的步伐，能够显著提升他们的工作效率与质量，使财务会计工作更加便捷高效，进而为企业创造更多的经济价值。此外，信息技术在财务会计领域的深入应用，还强化了企业对财政资金的精细化管理能力，提高了资金的使用效率，确保了资金的合理分配与运用。这有助于企业财政部门对资金进行更加统一、灵活的调度与规划，既保证了资金运作的安全性，又提升了资金使用的灵活性和高效性，为企业的稳健发展奠定了坚实的财务基础。

（三）培养优质专业人才

随着社会信息时代的快速推进，企业对高质量、大规模人才的需求日益增长，尤其是在财会管理领域。为了从根本上解决财会管理面临的挑战，企业应当聚焦于人力资源的优化，致力于构建一个综合能力强、专业素养高的财会管理团队。这不仅有助于提升企业财务信息的真实性与可靠性，更是企业稳健发展的基石。为此，企业应加大对财会人员的培训投入，引入具备专业资质的培训机构，将最新的财会知识与技能、先进的管理理念注入财会部门，有效提升财会团队的业务能力和职业素养。同时，建立健全的考核机制，通过考核检验培训成果，强化员工对知识的吸收与掌握。此外，鼓励财务会计人员定期总结学习心得，汇报工作成果，是理论联系实际的关键一环。这样的实践不仅能让财会知识更好地服务于实际工作，还能促进个人能力的提升，实现从普通会计到高级财务管理角色的飞跃，为企业创造更大的价值。

当今社会，提升业务人员素质的首要任务是强化其职业道德。在财务会计领域，需从德育入手，增强会计人员的职业认同感和责任感，使其认识到岗位的关键作用。工作中，财会人员应秉持高度使命感，摒弃低效懒散作风。当前，事业单位已全面深化德育工作，企业单位也应积极跟进，完善管理体系。企业应借鉴事业单位经验，对会计人员实施定期、实质性的职业道德教育考核与培养，避免流于形式，切实增强财会人员的责任意识与使命感。

（四）明确财务会计目标

企业在不断演进的运营模式中，探索着多样化的管理策略，其中财务管理的多元化目标管理模式便是一种前沿实践。该模式的核心追求在于推动企业整体利益的最大化。面对企业发展道路上层出不穷的挑战，我们需具备快速响应与解决问题的能力，以确保企业在波澜不惊中稳步前行。在此过程中，物质资源的短缺及资源分配不均等问题可能会浮现，这些问题与工业时代会计财务管理与物质基础间的紧密联系相呼应。随着科技进步与新工具的涌现，客户的期望与业务流程目标也经历了深刻变革。因此，对于企业财务管理而言，重新界定其目标、细化工作任务、明确职责范围变得尤为重要。

我们要洞察社会发展的总体趋势，只有精准把握时代的脉搏，方能在众人之前预见并把握机遇。同时，我们必须清醒地意识到，当前社会已远非往昔，仅凭出卖劳动力已难以直接换取社会地位和维持生计，在步入了知识经济的新纪元后，知识已成为推动社会进步的核心动力，其重要性在社会各领域占据主导地位。知识作为当代最强大的竞争力，不仅具备高度的可迁移性和创新性，还极大地促进了社会与企业人才之间的紧密联系与深度融合。评估企业成败的关键往往聚焦于其人才流动体系的效率与资金供应链的稳健性，同时也离不开知识在企业管理中的有效运用。因此，在知识结构的构建与管理上，企业切不可掉以轻心，而应给予高度重视，以确保在激烈的市场竞争中立于不败之地。

第二章 财务管理的新理念

第一节 绿色财务管理

一、传统财务管理的弊端及引入绿色财务管理的必要性

在当今快速发展的社会，可持续发展观念已广泛被接受。企业在财务管理和战略规划时，需全面考量多重因素，如自然资源的多样性和社会环境的复杂性，其中暗含诸多潜在危机。若忽视这些，陷入短视的恶性循环，将对国家、社会乃至全球造成严重后果。因此，推行绿色财务管理势在必行。相比之下，传统财务管理存在以下不足。

第一，传统企业财务管理模式存在局限性，它无法精准反映企业的全面经营成果，仅聚焦于货币计量的经济效益，忽略了将会计核算融入企业整体管理的重要性。同时，这种模式也未能有效将环境资源优势通过货币计量转化为企业的管理优势。

第二，传统财务管理模式在应对环境污染和财务风险分析上显得力不从心。它无法精准评估企业的经营环境，难以预防自然资源短缺带来的问题，也无法有效改善生态环境恶化，减缓市场竞争压力或控制环境污染加剧。这种局限性加剧了企业生存与经营的不确定性，容易导致财务管理体制上的失误。

第三，传统财务管理模式在决策层面存在弊端，导致企业在经营

中倾向于投资高回报但重污染的重化工产业，而忽视了环境污染与破坏。这种短视行为加剧了经济宏观层面的恶性循环，严重损害了环境保护，最终可能使企业面临倒闭、取缔等生存危机。

传统财务管理在多个方面的不足，凸显了引入新型财务管理理念的重要性。换言之，为求变革与发展，企业必须迈向绿色财务管理的道路。

二、绿色财务管理的概念及主要内容

绿色财务管理是一种管理理念，它强调在资源有限的前提下，追求社会效益、环境保护与企业盈利的最优化结合。其核心目标在于，在维护并提升生态环境质量的同时，实现企业价值的最大化，进而促进企业与社会的和谐共生。这一理念是对传统财务管理的深化与拓展，特别融入了环境保护的考量，具体涵盖以下几个方面。

（一）绿色投资

鉴于企业面临的多重因素，绿色投资成为必要选择。实施绿色投资前，需对项目本身及外部环境进行详尽地调研与分析，明确以下几个关键研究方向：第一，验证企业是否严格遵循国家环保标准执行环境保护措施，确保投资项目无环保违规内容，这是绿色投资的首要前提。第二，需预估并纳入因实施环保措施而可能产生的额外费用。第三，考察项目是否符合国家政策导向，以争取潜在的优惠政策支持。第四，评估是否存在投资于相关联项目的机会成本考量。第五，预测项目结束后，是否有机会回收因环境保护措施而避免的环境影响成本。第六，需考虑实施环保措施后，通过废弃物回收等方式节约的资金。

（二）绿色分配

绿色财务管理在股利分配方面，既沿袭了传统财务管理理论的基本原则，又独具特色。在分配股利时，企业需优先按既定比例划拨资金，用于补充绿色公益金及支付绿色股股利，以应对绿色资金短缺。

绿色公益金的提取，实质上是一种内部融资手段，旨在弥补绿色支出之不足，其过程类似于传统公益金的提取，但依据企业规模的不同而有所区别。这一操作要求企业不仅需处于盈利状态，还需确保账户内留有足够余额，且绿色公益金必须专款专用，严禁挪作他用，仅用于绿色资金短缺时的支出。至于绿色股股利的支付，其程序与普通股股利相似，但有一处显著不同：当企业盈利不足以覆盖股利支付，且盈余公积金已用于弥补亏损后仍不足时，企业可利用绿色公益金来支付一定数量的绿色股股利，而普通股股利则不在此列。此举旨在维护企业在资源环境保护领域的良好声誉，展现了企业对可持续发展的承诺与贡献。

三、绿色财务管理理念的理论基础

（一）绿色管理理论起源与发展

20世纪50年代，发达国家率先倡导绿色理念，催生了生态农业的兴起。随后，尽管历经战争动荡与经济全球化的洗礼，环境污染问题在发达国家日益凸显，但绿色思想却深入人心。至20世纪90年代，全球范围内掀起了一股绿色浪潮，绿色管理思想应运而生。

（二）绿色会计理论

近年来，随着自然环境的急剧变迁，社会各界对环境保护与可持续发展的关注日益增长。会计界亦积极响应，致力于将会计学科与环境保护相融合，孕育出了绿色会计理论。众多会计师围绕这一新兴领域，纷纷贡献新见解，从多维度开展深入探索，极大地丰富了绿色会计的理论体系，并增强了其实践操作性。绿色会计的核心环节——确认、计量与披露，均旨在服务于信息使用者，特别是为企业的决策层提供关键信息支持。随着会计领域内专业人士对绿色会计的持续深耕，不仅推动了相关理论的完善，还促使企业能够基于绿色会计的指引，更加精准地进行融资、投资与决策，进而催生了绿色财务管理的兴起。

四、绿色财务管理在应用中的注意事项

绿色财务管理理论是顺应全球资源环境保护趋势的产物，它既是对传统财务管理理论的革新，也是其在新时代背景下的拓展。要使这一理论在企业实践中得到有效应用，需着重关注以下几个方面。

（一）企业要兼顾资源环境与生态环境的平衡

当今社会，绿色消费理念的兴起促使消费者的环保意识日益增强。企业为求生存与发展，必须将资源环境问题纳入管理范畴，依托绿色财务管理理论为指导，积极推行绿色经营模式，从而在提升经济效益的同时，促进社会效益的增长。

（二）增强员工素质

企业员工素质的高低，对于绿色财务管理的顺利实施至关重要。特别是财务团队，应当积极利用社会生态与自然资源，强化资源整合能力，以此提升资源环保意识。同时，加速推动财务管理理论从传统模式向绿色财务管理理念的转型，通过提升员工整体素质，来增强财务管理工作的效能与绿色可持续性。

（三）使得会计领域与绿色财务管理理论相适应

为了达成这一目标，我们需引入新的会计科目，诸如绿色成本、绿色公益金等绿色相关概念，以确保绿色财务管理的全面应用与落地。同时，对会计报表进行革新，增设环境保护与改善方面的具体指标，帮助企业明确自身在环境优化方面的努力方向，避免盲目行动。

综上所述，我国绿色财务管理理论尚处于初创阶段，犹如新芽初露。然而，随着全球环保意识的日益增强，这一理论也将不断得到丰富和完善，其在指导企业经营、促进经济效益与社会效益双提升方面的作用将愈发显著。

第二节 财务管理与人工智能

在当今企业运营的核心领域，财务管理作为关乎企业资本高效运作的关键环节，已跃升为企业家们首要关注的议题。财务管理，其本质在于精准解析并有效利用海量的财务数据信息，为企业战略规划铺设坚实的决策基石。然而，面对信息时代的洪流，财务数据呈现出前所未有的庞大与复杂态势，传统处理方式显得力不从心。为应对这一挑战，20世纪中叶人工智能技术应运而生，它如同一股强劲的东风，极大地简化了财务管理流程，降低了运营成本，显著提升了管理效率与精准度。然而，随着应用的深入，人工智能在财务管理领域的局限性也逐渐浮出水面。其基于固定模型与公式的运作机制，在面对企业所处动态多变环境中涌现出的非标准、复杂财务数据时，往往显得捉襟见肘，难以灵活应对。因此，如何平衡并优化财务管理与人工智能技术的关系，成为管理领域亟待解决的新课题。

一个企业的持续经营能力与其盈利能力的强弱，深刻植根于企业战略的科学制定与精准决策预测之中。成功的企业首先需精准把握全局方向，通过高瞻远瞩的战略规划引领前行，随后细化至日常经营的战术布局与决策执行。在制定企业战略的过程中，一个至关重要的环节便是确立策略方案的坚实基础，而这一基石正是由企业财务管理所精心构筑的。财务管理的核心使命在于深度剖析企业财务报表与各类相关数据，为企业融资、投资及资金运作提供坚实的数据支撑与决策依据。在财务管理的广阔舞台上，各式计算公式与模型扮演着不可或缺的角色，它们不仅是处理日常财务信息的得力工具，更是针对特定情境构建的高效解决方案。随着企业规模的不断扩张，业务运营的复杂化与信息量的激增，20世纪中叶正值计算机技术蓬勃发展的黄金时期，企业决策者为了减轻财务管理工作的繁重负担，提升信息处理的精确性与效率，勇敢地迈出了将人工智能技术融入财务管理领域的第一步。这一创新举措，在初期无疑为企业带来了前所未有的便捷，有效促进了利润增长与财务管理效能的飞跃。然而，随着时代的车轮滚滚向前，尤其是中国加入世界贸易组织后，国内企业所处的经济环境日益复杂多变，不仅财务信息的处理量持续攀升，更涌现出诸多传统方法难以驾驭、难以洞悉其内在规律的挑战。

一、财务管理的理论基础

简而言之，财务管理作为企业管理的核心组成部分，其核心任务在于运用专业的财务理论知识，对财务报表及多维度财务信息进行深度剖析与综合处理，从而精准描绘出企业的运营全貌与经营状况。在企业资本运营与投资决策的广阔舞台上，财务管理扮演着至关重要的角色，其通过专业人员精细化的计算与分析，为企业制定筹资策略、投资决策、营运资本管理及股利分配方案提供了坚实的数据支撑与决策依据。财务管理的发展历程是一部紧随时代脉搏、不断进化与完善的史诗。它历经了从追求企业利润最大化，到每股收益最大化，再到股东财富最大化的三大阶段，每一阶段的跨越都深刻反映了时代变迁对企业经营目标的重塑，以及财务管理理念对企业发展需求的精准响应。回溯财务管理之初，企业以追求丰厚利润为首要目标，财务管理亦随之将利润最大化作为其核心追求。随着时代的不断发展，企业规模日益壮大，上市公司如雨后春笋般涌现，资本市场的繁荣使得筹集资金成为企业生存与发展的关键。在此背景下，股民对于投资回报的渴望日益强烈，他们更关注个人投资收益而非企业的整体利润状况。为顺应这一变化，财务管理目标逐渐转向每股收益最大化，力求在满足股民期望的同时，确保企业资金的持续流入。然而，面对短期内股民对高收益的迫切需求，部分企业可能不得不采取牺牲长期经营策略以换取短期收益的做法。但实践证明，这种短视行为并不利于企业的长远发展。因此，财务管理目标再次进化，聚焦于股东财富最大化，这一转变深刻体现了对货币时间价值的重视，即认识到不同时间点的收益具有不同的经济价值。综上所述，财务管理的终极使命在于，通过精准的数据分析与科学的决策制定，推动企业价值的最大化增长。

二、人工智能相关介绍

人工智能技术的概念，其萌芽可追溯至 20 世纪中叶，而自 20 世纪末以来，该技术便步入了广泛应用的黄金时期。所谓人工智能技术，乃是建立在计算机技术坚实基石之上，旨在模拟人类专家在特定领域内的解题智慧，进而赋予企业经营决策以智能化特性，其核心本质在于模拟并再现人类的思维逻辑过程。在企业财务管理的广阔天地里，这一过程涉及财务报表的深入剖析、有效信息的提炼及基于此的明智决策。传统上，企业财务人员依赖既定的财务公式与模式，应对日常经营中的种种挑战。面对这一现状，一群兼具计算机技术与财务管理专长的研究者，为追求成本效益的最大化与管理效率的飞跃，勇于探索，尝试将财务管理的精髓——模式与公式，巧妙地嵌入计算机系统中。这一创举使得财务报表数据得以无缝对接至计算机，通过内置的高效计算模型自动处理，迅速输出精准结果，这便是专家系统的雏形。相较于传统的财务管理模式，人工智能技术的融入犹如一股清流，极大地简化了复杂的财务运算与数据分析流程。其价值远不止于数据的简单收集与整理，更在于其强大的学习能力，能够不断吸纳新知，并灵活应用于实际运算之中，从而输出更为合理、客观的决策依据。人工智能技术的内核是一系列精密复杂的计算程序，它们能够确保输入数据的每一次流转都能经过精密运算，产出与手工操作别无二致的精确结果。因此，在人工智能技术的赋能下，财务人员的角色发生了深刻转变，从繁重的手工计算中解脱出来，转而聚焦于数据的精准输入、结果的细致记录与深度汇报。昔日的信息系统虽能处理数据输入与基础分类加总，但面对复杂分析与深度洞察时则显得力不从心。而今，人工智能以其卓越的计算能力与智能分析，不仅能够执行复杂程序，输出客观结论，更能深入探索数据间的内在联系，如相关性分析与回归分析，为企业财务管理开辟了新的视野与可能。

三、财务管理与人工智能的关系

现今，大数据浪潮汹涌，手工计算与分析方法已难以适应快速变化的市场需求。企业财务管理必须摒弃封闭模式，积极拥抱人工智能技术，以提升效率，为决策提供有力支撑，并洞察数据背后的深层联系。同时，人工智能技术也需保持创新活力，紧随企业需求与管理进步的步伐，不断更新程序，研发新技术。简而言之，财务管理与人工智能技术相互依存、相互促进：前者借助后者实现高效便捷，后者则在服务财务管理的过程中发现并弥补自身不足，共同致力于成本节约与效能提升。

四、处理财务管理与人工智能关系的措施

企业成长与人工智能紧密相连，但财务管理领域不可全然依赖该技术。针对二者关系的平衡，需采取以下策略。

（一）提高财务管理人员的专业素养和水平

员工的素质是财务管理工作的核心驱动力，直接影响着财务管理的效率与品质。提升财务人员的专业能力，是把握财务难题、精准识别关键挑战的关键，也是合理判断问题轻重缓急，并明智选择是否引入人工智能技术辅助解决的基础。

（二）与时俱进地引入人工智能技术

人工智能根植于计算机技术，其发展日新月异。企业应紧跟其步伐，定期更新财务管理技术，确保财务管理活动始终与最前沿的人工智能技术接轨，以此推动财务管理的持续现代化。这样，企业方能借助人工智能技术的迭代，加速财务管理工作的整体进程。

（三）成立专门的人工智能与手工操作分工小组

财务管理领域任务繁重且错综复杂，正如之前所述，人工智能技术并非万能，它无法包办企业所有的财务管理活动，而是作为辅助工

具，有选择性地帮助财务人员做出决策与分析。面对复杂的财务任务，明确哪些环节需财务人员亲力亲为，哪些则可借助 AI 技术优化处理，成为一项至关重要的任务分配工作。为此，企业可设立专项小组，专门负责识别并合理分配财务管理中的各项任务，以确保整个流程的有序高效运行。

人工智能技术，作为信息技术的璀璨明珠和时代进步的象征，其的引入极大缓解了财务管理中的诸多烦琐难题。企业应积极拥抱这一技术，通过其高效能的应用，不仅可以提升管理效率，更为企业的长远发展提供了精准的战略支持，助力企业实现财务管理的既定目标。

第三节　财务管理的权变思考

权变即灵活应变，是依据时间、地点、人物及形势变化而调整策略的智慧。《史记》中早有记载，古代纵横家与商家便擅长此道。英国学者伯恩斯和斯托克率先将权变思想引入管理研究。权变理论主张，当环境条件、管理对象或目标任一变动时，管理手段与方式亦需相应调整。其特点在于开放系统的观念、实践研究导向、多变量的方法。

一、财务管理的权变分析

财务管理，作为与人类生产活动并行不悖的实践领域，其历史同样悠久。然而，其作为一门系统化的独立学科被深入研究和教授，则仅是近一个世纪的事情。财务管理成功与否，关键在于能否全面而深刻地洞察其所处的环境。接下来，我们将借助权变理论的视角，来审视并剖析不同历史时期财务管理的独特风貌与特点。

（一）筹资管理理财时期

20 世纪初，西方多国经济繁荣，股份公司遍地开花，众多企业面临扩大经营、加速发展的资金难题。这一时期，财务管理的核心在于适应财务环境与理财对象的变化，核心任务是精准预测企业资金需求量，并有效筹集所需资金，以支撑企业的成长与发展。

（二）破产清偿理财时期

20世纪30年代，西方遭遇经济危机，经济陷入大萧条，众多企业难逃破产厄运，小公司多被大公司并购。这一时期，受外部环境巨变影响，财务管理的重心转移至应对企业破产、清偿、合并等问题，以及加强公司偿债能力的管理上。

（三）资产管理理财时期

二战后，全球政治经济趋于稳定，各国经济蓬勃发展。科技进步与市场竞争加剧，迫使企业重视资金流转与内部管理。此时，计算机技术初涉财务分析与规划，计量模型亦被引入存货、应收账款等管理领域，财务分析、计划及控制工具广泛应用。这一阶段，财务管理的重心随经济发展再次调整，研究方法与手段的革新极大地推动了财务理论的快速发展。

（四）资本结构、投资组合理财时期

在20世纪60至70年代，经济蓬勃发展推动了公司规模的显著扩张，进而促使公司组织形态与运营模式发生深刻变革。这一时期，财务管理的焦点聚焦于资本结构的优化与投资组合的精细配置。为了深化财务理论研究，统计学与运筹学中的优化理论等先进数学方法被创造性地引入，极大地丰富了研究手段与路径。这一时期诞生的"资产组合理论""资本资产定价模型""期权定价理论"等，共同构筑了现代财务管理学的基石，为其理论体系提供了坚实的支撑。

综上所述，我们可得出以下几点结论：首先，财务管理的核心议题始终随财务环境的变迁而动态调整；其次，研究方法的革新，特别是信息技术、数学、运筹学及统计学在财务领域的深度融合，不仅推动了财务管理从定性分析向定量研究的跨越，还显著增强了其实践操作性；最后，随着经济的持续繁荣，财务管理的范畴不断拓展，从传统的股票、债券等基础资产，逐步涵盖金融工具及其衍生品等多元化资产类型，并持续随着知识经济的浪潮而演变。

二、权变中的财务管理

时代变迁中，财务管理不断演进与完善。其管理目标的实现，实则是多因素交织影响的成果。基于前述分析，我们可以构建一个函数式，以简明地揭示财务环境、财务目标、财务对象及所采用的财务方法、手段之间的内在联系与相互作用。

财务管理目标 $=\sum f$（财务环境、财务对象、财务方法及手段）

在多数情境下，财务目标保持稳定，广为企业所追求的便是实现企业价值的最大化。若此目标有所变动，则至少财务环境、财务对象或财务管理的方式与手段中的一个因素会随之调整。

首先，在财务目标既定且管理对象保持稳定的前提下，若财务环境发生变动，原有的财务管理策略与手段往往会显得力不从心，难以适应新的环境条件。因此，为了适应新的环境，财务管理的手段和方法必须相应地进行调整与革新。回顾财务管理的发展历程不难发现，随着时代的演进和环境的变迁，财务管理的核心关注点也在持续变化之中。以通货膨胀时期为例，传统的管理方法在面对通货膨胀带来的挑战时显得捉襟见肘，这凸显了调整管理策略、创新管理手段的必要性，以确保能够有效应对管理挑战，实现企业的财务目标。

其次，在财务目标与财务环境均保持稳定的前提下，若财务管理对象出现新变化，则管理方式与手段需随之灵活调整。例如，随着网上银行和"电子货币"的普及，资本流动加速，决策过程几乎可以即时完成。为紧跟经济发展的快速步伐，企业必然需要革新传统的财务管理方法。

最后，在财务目标恒定且财务环境稳定的前提下，财务管理方法与手段的创新能够引领财务管理对象的变化。数学与计算机技术的融合，极大提升了财务管理的效率与精度，催生了诸如资本资产定价模型、投资组合模型等先进理论模型。

这一系列的分析与推论，充分揭示了财务管理活动本质上是一个灵活应变、随需而变的过程。

三、对策

权变理论指出，在企业管理实践中，应当根据不同的情境和管理对象来灵活选用适宜的管理方法与手段；不存在一种普遍适用所有组织的管理模式。基于这一理论，企业在进行财务管理时也面临着需要灵活应对的情境，因此要想提升整体的财务管理水平，就必须从多个角度进行全面深入的分析。

（一）加强财务管理为中心

加强企业财务管理并提升其水平对于增强企业的核心竞争力至关重要。为此，企业必须将财务管理置于中心地位，确保所有其他管理工作都服务于财务管理的目标，避免各自为政的局面。在做出财务决策时，企业应当识别潜在的风险，并运用适当的方法来权衡利弊，从而选出最优方案。必要时，企业还应该聘请财务专家进行定制化的财务预测、规划及预算编制等工作。唯有具备灵活应变的能力，掌握适应变化的方法，才能保证各个运营环节的顺畅运行，进而提高财务管理效率。这样不仅能够提升企业的整体管理水平，还能确保企业在激烈的国际市场竞争中得以生存和发展。

（二）转变角色政府，改善理财环境

为了推动经济发展，政府应调整其职能定位，由主导者转变为服务提供者，致力于构建有利于企业成长的政治稳定、经济繁荣、政策优惠及法律健全的宏观环境。

（三）大力发展财务管理教育与研究，提高企业财务管理水平

为了提高我国企业财务管理的整体水平，我们需要加速高校财务管理专业的改革与发展，致力于培养大批高素质的专业人才。与此同时，我们还要加强在职财务人员的继续教育，以提升整个财务队伍的专业素质。我们应该积极借鉴国际上的先进管理经验，并结合国内实

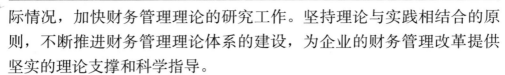

际情况，加快财务管理理论的研究工作。坚持理论与实践相结合的原则，不断推进财务管理理论体系的建设，为企业的财务管理改革提供坚实的理论支撑和科学指导。

第四节　基于企业税收筹划的财务管理

随着我国经济的持续深化和发展，企业面临的国内外挑战日益增多，因此必须通过多种途径不断提升自身的竞争力。在这一背景下，企业开展税收筹划活动对于提高财务管理水平和增强市场竞争力具有重要的现实意义。税收筹划作为财务管理活动的一部分，既是一种理财行为，也是纳税人财务管理的新内容。它是一种提前规划的行为，并且必须符合法律规定。在实施税收筹划时，纳税人需要注意以下几点：企业利益最优化；税收筹划的不确定性；税收筹划的联动性和经济性。

一、税收筹划的定义及特征

税收筹划是在遵守国家法律和税收法规的基础上，纳税人根据税收政策的指导方向，预先选择能实现税收利益最大化的方案，以安排其生产、经营、投资及理财等活动的企业管理行为。税收筹划具备以下几个特点。

（一）税收筹划是一种理财行为，为企业财务管理赋予了新的内容

在传统的财务管理研究中，通常侧重于探讨所得税如何影响企业的现金流量。例如，在评估投资项目时，需要基于税后的投资收益进行衡量；在研究与开发活动中，考虑可能得到的税收优惠可以减少项目的税收负担，从而可能使得原本看似无利可图的项目变得有利可图。实际上，在企业的日常经营活动中，除了所得税外，还会涉及多种其他税种。税收筹划正是以企业的涉税活动为核心，研究范围覆盖了从生产到销售、财务管理乃至税务申报等多个方面，并且与财务预测、

财务决策、财务预算及财务分析等各个环节紧密相连。因此，企业需要全面考虑纳税的影响，并根据自身的经营状况，合理规划经营和财务活动，以期实现财务收益的最大化。

（二）税收筹划是一种前期策划行为

在现实生活中，政府通过设计税种、选定征税对象、明确税率和税目，以及规范征税环节，来实施其宏观经济调控策略。同时，利用税收优惠政策，政府积极引导投资者和消费者的行为，使之与政策目标相一致，这导致不同行业、纳税时段和地区间的税负差异。鉴于企业运营活动的多样性和纳税主体特性的不同，企业享受的税收待遇也各异，这为企业提前规划其经营、投资及财务活动的税务安排提供了可能。税收筹划正是基于这一现实，帮助企业根据实际经营情况，通过合理分析和选择，有效控制税负水平。然而，一旦企业的税务活动发生，纳税义务即确定，此时必须依法缴税，显示出纳税的滞后性特点，同时也意味着税收筹划需在事前进行。因此，税收筹划本质上是一种基于经济预测，针对企业决策项目中的不同税务方案进行分析并做出选择的经济决策活动，旨在为企业提供科学的决策支持。

（三）税收筹划是一种合法行为

税收筹划的基石在于其合法性，在这一过程中，清晰区分避税与税收筹划的界限至关重要。尽管从经济效应的角度来看，两者均在不触碰法律红线的前提下，为企业带来正面经济影响，助力企业增进财务收益，但它们的核心策略与关注点却大相径庭。避税行为往往聚焦于利用税收体系与征管流程中的某些尚未健全之处，基于行业特性，有意识地调整经营活动，以图减少税负，其重心在于通过特定经营手段来实现减税目的。相较之下，税收筹划则是以税法为指导原则，深入企业的生产经营与财务管理之中，通过精心规划，旨在挖掘并利用企业内在优势，优化税务安排。这种筹划活动不仅限于即时的税务减免，更着眼于企业整体的财务健康与长远发展。避税作为一种相对短期的策略，可能仅关注企业当前的经济利益，但随着税收法规的不断完善和征管效能的提升，其操作空间将日益受限。相反，税收筹划作为企业的中长期战略规划，平衡了当前与未来的财务需求，与企业的长期发展目标相契合，蕴含了更为积极的发展动力。因此，从促进企业财务健康与可持续发展的角度审视，税收筹划无疑是一种更为积极主动的财务管理手段。

企业在市场竞争中占据核心地位，拥有独立的经济利益。在遵循国家产业导向和法律法规的基础上，企业应着眼于维护整体经济利益，追求长期稳健发展。税收，作为国家经济分配的关键手段，本质上是对企业盈利的无偿分配。企业缴纳税款，即资金的外流，直接减少了其经济收益。因此，通过税收筹划，企业能在合法范围内充分利用自身优势，优化税务管理，从而实现经济效益的最大化。在激烈的市场竞争中进行科学合理的税收筹划，对于企业的生存与发展而言显得尤为重要。

二、企业财务管理活动中进行税收筹划得以实现的前提条件

税收优惠政策的多样性为企业开展税收筹划活动开辟了广阔的空间。然而，这些政策的微妙调整往往直接关系到税收筹划策略的有效性与否。在全球经济一体化的今天，各国政府竞相利用税收这一经济杠杆，频繁调整政策以吸引外资与技术，这意味着税收筹划方案绝非静止不变，它需随着外部环境的变化而灵活调整。因此，企业在制定和执行税收筹划时，必须保持对税收政策的敏锐洞察，紧跟最新动态，持续优化筹划方案，以确保其与企业实际需求的紧密契合。此外，我国《行政许可法》的实施，标志着税务管理方式的重要转变——从原先的事前审批转向了事后监督，这一变化赋予了企业在会计政策选择上更大的自主权，进一步拓宽了税收筹划的操作边界，为企业创造了更加灵活多样的税务筹划空间。

企业在规划发展战略时会综合考虑宏观环境，如税收政策等外部因素及自身经营状况。鉴于税收政策可能并不完全契合企业的战略需求，企业在深思熟虑后制定的发展战略就更需要通过精心设计的税收

筹划策略来削弱潜在的不利影响，以确保战略目标的顺利实现。

三、税收筹划在财务管理中的应用

税收筹划广泛涵盖企业所有与税收相关的经济活动。在财务管理视角下，分析税收筹划的角度丰富多样，这里我们主要聚焦于税收筹划应用结果的具体表现进行简明剖析。

（一）通过延期纳税，实现财务利益

在财务管理实践中，资金的时间价值占据着举足轻重的地位，其中延期纳税作为资金时间价值的具体展现，其重要性不言而喻。在假设通货膨胀因素可忽略不计，且企业经营环境保持相对稳定的前提下，即便是在长期内税款总额恒定的情况下，由于会计政策的选择差异，企业各期税负亦会呈现出不同的分布形态。依据会计准则与会计制度的严谨规定，企业所采用的会计政策需确保前后一致，任何变更均需有充分理由。以存货成本确认与折旧提取为例，这些会计政策不仅关乎企业所得税的计算，更深刻地影响着企业的财务状况与经营成果。具体而言，存货成本的确定与结转方式，基于存货流转的不同假设，会在期末存货与发出存货间进行成本分配，从而直接影响企业的利润结构与当期所得税负担。同样，折旧方法的选择亦会导致各期折旧费用的差异，进而影响企业所得税的即时缴纳额。然而，从更长远的时间跨度来看，当所有存货完成耗用及固定资产折旧完毕时，这些差异并不会改变企业整个周期内的利润总额与总税额。税收筹划，作为实现延期纳税的有效手段，其本质上相当于企业从政府处获得了一笔无需支付利息的贷款，为企业带来了实实在在的财务收益。此外，税法赋予纳税人的延期纳税权利，更是直接为企业创造了利用时间差优化现金流、增强财务灵活性的机会。面对突发事件或财务困境的预见，企业可依据税收征管法相关规定，提前申请延期纳税，甚至在必要时通过支付合理的滞纳金来换取税款的暂时缓缴，以此缓解即时的财务压力，为企业争取宝贵的调整时间与空间，从而有效应对挑战，稳定经营局面。

（二）优化企业税负，实现财务利益

一是专注于从事那些享有税收减免优惠的经济活动，或者精准调控某些纳税的"临界点"，以此直接增进企业的财务收益。比如，若企业在新产品、新技术、新工艺的研发费用上，相较于上一年度实现了至少10%（含）的增长（这里10%便是一个关键的临界点），那么除了正常列支这些费用外，企业还有权在年终时，经税务部门审核通过后，额外以其实际发生研发费用的50%直接冲减当年的应纳税所得额。反之，若增长幅度未达此标准，则无法享受此优惠。因此，当企业发现其相关费用接近这一临界点时，若财务状况允许，应优先考虑增加对"三新"（新产品、新技术、新工艺）研发的投资，确保达到或超越10%的增长门槛，从而有效获取税收减免带来的财务优势。此类策略在实际操作中屡见不鲜，限于篇幅，不再详细枚举其他实例。

二是通过精心规划经营、投资和财务活动，间接提升企业财务效益。例如，在融资决策中，企业可选择借入资金或权益资金两种方式。每种方式都伴随着不同的资金成本、风险水平和权益分配，且资金成本的核算方式各异，这些差异将直接作用于企业当前的现金流状况。

四、应注意的几个问题

税收筹划作为财务管理的重要一环，旨在通过周密规划，确保企业经营与投资活动合规合法，同时促进财务运作的稳健与高效。鉴于经济活动的多变与复杂性，企业应紧密结合内外部环境，量身定制适合的筹划策略。

（一）企业的利益最优化

税收筹划的核心目标是优化企业的财务利益，力求实现经济利益的最大化。从成效上观察，它通常体现为减轻企业的税收负担或降低税款的实际支付额。然而，将税收筹划简单等同于减少纳税或降低税负，实则是一种误解。税负水平虽是关键财务指标之一，在筹划过程中占据重要地位，但税收筹划作为一项具有前瞻性的财务规划策略，其制定需全面平衡短期利益与长远规划。这意味着，在特定经营周期内，税负最低或税款最少的业务组合并不必然等同于对企业整体发展最为有利的策略。因此，在进行税收筹划时，必须深入考量当前的财务环境、企业的长远发展目标及战略部署。通过运用多种财务分析工具与模型，对各类纳税事项进行细致筛选与优化配置，以期在资金与资源分配上实现最佳平衡，最终达成税负水平与财务收益之间的最优化组合。

（二）税收筹划的不确定性

企业的税收筹划是一项深度且复杂的预备性工作，融合了细致的规划与精确的财务估算。这要求企业紧密结合自身实际情况，对即将展开的经营、投资及财务管理活动进行前瞻性的布局与策划，旨在合理调控相关经济活动。值得注意的是，这些筹划中的活动部分尚未真正落地，因而企业需依赖过往统计数据的积淀作为预测与策划的基石，构建与之匹配的财务模型。在模型构建过程中，往往会聚焦主要影响因素，而对次要因素采取简化处理或暂时搁置，往往导致筹划结果呈现为一种估算区间，而非精确数值。此外，鉴于经济环境及诸多外部因素的动态变化，税收筹划不可避免地伴随着不确定性。因此，企业在筹划过程中应高度重视信息的全面搜集与整合，力求削弱不确定性的负面影响。基于充分的信息基础，企业应精心设计出切实可行的纳税方案集，从中甄选出最优方案并付诸实施。同时，还需对实施过程中涌现的各种新情况进行敏锐洞察与深入分析，持续迭代优化税收筹划方案，确保其既科学又完善，以更好地服务于企业的整体发展战略。

（三）税收筹划的联动性和经济性

在财务管理的广阔领域中，企业的项目决策往往交织着多个税种的考量，这些税种对财务状况的影响是相互关联的。因此，在评估税负时，我们应避免仅聚焦于某一纳税环节中的单一税种税负，而应树立全局观念，审视整体税负水平。这要求我们在制定税收筹划策略时，需全面考虑各税种间的相互作用及它们与企业实际情况的契合度，力求通过税种间的统筹协调，实现财务收益的最大化。然而，这并不意味着我们在追求最佳财务效益的同时，要忽视理财成本，或是盲目地对所有税种进行无差别地深入分析与筹划。实际上，根据税种的重要性和筹划潜力，我们可以有所侧重。例如，流转税、所得税和关税等税种，因其对企业财务活动影响显著且筹划空间较大，应成为我们筹划的重点。而对于房产税、车船使用税、契税等财产和行为税类，由于其筹划效果可能相对有限，可以适度简化处理，确保正确计算并按时缴纳即可。当然，不同行业的企业所面临的税种影响也各有千秋。因此，在进行税收筹划时，我们必须紧密结合企业的实际经营状况和项目决策特性，对那些对财务状况有重大影响的税种进行深入分析，并考虑其与其他税种的关联性，进行精心策划。而对于其他税种，则可在确保合规性的前提下，采取更为简化的处理方式，以确保税收筹划方案既经济又高效。

随着市场经济的日益成熟，企业需强化竞争力以应对国内外市场的双重考验。财务管理，作为现代企业制度的基石，对企业的存续、成长与盈利具有日益凸显的关键作用。税收筹划则倡导了一种前瞻性的财务管理理念，对于追求长远发展的企业而言，这种理念更加契合其战略需求，有助于实现企业的长期利益最大化。

第五节　区块链技术与财务审计

区块链技术的引入，彻底革新了传统会计的工作模式与概念框架，它通过构建一个去中心化的分布式数据库系统，使得每一笔交易都能被所有参与者以相同且实时的副本形式存储与访问。这一变革对资金支付业务尤为显著，它不仅确保了交易信息的安全无虞与即时传递，还极大地促进了信息在各方之间的透明共享。区块链概念的兴起，对财务与审计领域产生了深远而广泛的影响。回溯历史，随着财务会计制度的形成与演进，企业财务关系的复杂度与日俱增，特别是工业革命浪潮下，生产模式由手工作坊转向机械化工厂，成本核算与分析成为企业管理的核心需求，财务管理目标也逐步从单一的利润最大化向股东权益最大化转变。步入信息时代，互联网技术的飞速发展进一步推动了企业交易的网络化进程，海量共享数据的涌现促使了企业资源计划（ERP）会计电算化软件及客户关系管理（CRM）会计软件的诞生。然而，在传统业务交易中，依赖纸质会计凭证确保交易真实性的做法已难以满足高效、透明的需求。区块链技术的到来，为企业间的业务往来开辟了新的路径，通过实现两个节点间的数据直接共享，极大地提升了交易的信任度与效率。与此同时，云计算、大数据等互联网前沿技术的成熟应用，正逐步取代传统财务管理中以成本、利润为中心的分析模式，引领我们进入一个基于区块链技术的无中心化财务分析新时代。综上所述，区块链技术的应用不仅是财务与审计领域的一次重大技术革新，更是推动整个行业向更加高效、透明、智能化方向发展的强大动力。

一、区块链的概念与特征

区块链本质上是一个构建于网络之上的分布式数据处理与存储系统，它使得企业的交易数据能够遍布全球各地进行分散存储。为了实现这些分散数据之间的有效连接与交互，一个坚实的信任基础是不可或缺的。区块链正是通过构建一种基于物理或逻辑的数据链路机制，将散布于各地的数据块紧密联结起来。在这个过程中，各数据区块能够无需依赖中央处理系统，直接通过这一链路相互调用数据，从而极大地降低了传统信任机制所需的成本，并显著提升了数据访问的效率和速度。简而言之，区块链代表了互联网时代下一种创新的分布式记账技术，其独特之处体现在以下几个方面。

（一）没在数据管理中心

区块链技术能够连接散布在全球各地的节点数据，通过特定的数据链路实现互通。每个节点上的交易数据都能遵循基于密码算法的链路规则进行访问，无需依赖中央管理机构来授权访问权限。交易数据在网络内由用户共同验证，因此无需第三方中介来建立信任。这种设计使得对单一节点的攻击不会波及整个网络的其他部分，与中心化网络不同，后者一旦中心节点受损，整个系统就可能崩溃。

（二）无须中心认证

区块链依靠内置的链路规则和哈希算法运作，无需传统权威机构的验证。交易数据在网络中通过用户间的信用共识进行确认。随着网络节点数量的增长，系统抵抗攻击的能力显著增强，几乎呈指数级提升。在区块链体系中，参与者之间建立起一种相互信任的机制，而非单一依赖某个个体，这使得网络的安全性随着节点的增多而更加稳固。

（三）无法确定重点攻击目标

区块链技术运用了单向哈希算法，并且其网络结构去中心化，节点遍布广泛，这使得潜在的攻击者难以确定有效的攻击入口，从而难以篡改链内数据。一旦有节点试图非法入侵或篡改数据，它将被网络中的其他节点迅速识别并排除在外，这种机制确保了数据的安全性。同时，由于攻击者可能面临的潜在节点数量庞大，使得他们难以明确具体的攻击目标。

（四）无须第三方支付

区块链技术的诞生，让交易双方在进行货款支付时更为安全，可直接实现交易，无需依赖第三方中介，从而有效削减了传统支付中的双向成本，降低了交易成本。

二、区块链对审计理论、实践产生的影响

（一）区块链技术对审计理论体系产生的影响

1.审计证据变化

区块链技术的兴起，让传统的审计证据形态发生了变革。原本以会计凭证等纸质文档为主的审计证据，在区块链的推动下，逐渐转变为非纸质、数字化的形式。随着企业间交易日益网络化，经济运行的

证据也随之数字化。审计过程中，对证据的核对不再局限于纸质材料的比对，而是通过区块链技术，在数据链路层面实现两个区块间的数据追踪与验证。

2. 审计程序发生变化

传统审计流程始于明确审计目标，历经规划、执行至最终发表审计意见。而面对计算机与互联网环境，审计则需融入白箱与黑箱技术，深入计算机程序内部，验证其运行的可靠性。在执行阶段，常采用逆查策略，借助区块链技术，从财务报表数据逆向追溯至会计凭证，确保数据的真实性与准确性。

（二）区块链技术对审计实践产生的影响

1. 提高审计工作效率，降低审计成本

自区块链技术问世以来，计算机审计的效率优势被进一步放大，其不仅超越了传统手工审计的范畴，更在客观性、完整性、永久性及不可篡改性方面树立了新的标杆，为审计具体目标的实现提供了坚实保障。这一技术的融入，促使审计工作迈入互联网大数据的新纪元，极大地提升了审计效率，有效解决了传统审计模式下证据核实滞后、难以满足公众对审计证据真实性与准确性高要求的难题。在传统审计框架内，为确保会计信息的真实性，往往需要耗费大量时间与资源，通过专门审计人员采取询问法并发送询证函进行烦琐的函证过程，这一过程不仅耗时长，而且在时效性和成本效益上均显不足。然而，区块链技术的引入彻底改变了这一现状，它引领审计行业步入了网络大数据与分布式数据共享的新时代。在这一框架下，各区块间的数据能够实现即时、安全的共享与追踪，区块链自身具备的无中心化管理、不可逆性及时间戳功能，确保了数据的安全性与完整性，大大降低了安全维护成本。更为关键的是，区块链技术使得审计人员、企业管理层、政府机构及行业监管机构能够实时、高效地追踪公司的财务数据，从而确保了审计结论的准确无误。同时，计算机自动化处理能力的加入，进一步加速了审计工作底稿及汇总数据的生成过程，使得整个审计工作变得更加快速且高效。

2. 改变审计重要性认定

审计重要性是审计领域的一个核心概念。传统审计过程中，审计人员会在审计计划阶段设定审计重要性标准，作为评估的基准。他们通过对财务报表数据进行详尽分析，计算出各类财务指标，并据此得出重要性比率和具体金额。随后，通过手工审计方式识别会计业务中的误差，评估这些误差的金额是否超越了预设的重要性门槛，从而决定是否需要深入执行后续的审计程序。然而，在计算机审计的环境下，审计工作更多地转向了对账项的细致审查，减少了依赖重要性判断的分析性审计技巧。

3. 内部控制的内容与方法也不同

传统审计多依赖于制度基础，并广泛采用概率统计的抽样方法，以平衡审计效率与效益间的挑战。区块链技术的兴起，使计算机审计得以应用，从而显著提升了审计的效率和成果。尽管区块链增强了计算机审计的安全性，但审计风险并未完全消除。因此，在计算机审计环境下，传统的内部控制机制依然重要，但其侧重点有所转移。现在，人们更加聚焦于计算机及网络的安全维护，强调计算机操作人员的职责划分、分工管理及有效的监督机制。同时，内部控制的评估方式也在进化，从过去的事后调查评估内部控制环境，转变为在审计过程中利用视频监控等现代技术手段进行实时、动态的监控。

三、区块链技术对财务活动产生的影响

（一）对财务管理中价格和利率产生的影响

在互联网环境下进行的商品或服务交易，其支付方式日益数字化和虚拟化。网络平台上商品信息的流通变得公开透明，跨越了地域限制，消除了传统商品经济中的信息不对称现象，使得商品价格更加清晰透明。相应地，财务管理中涉及的价格、利率等分析要素也发生了变化，不再遵循传统模式；同时，边际贡献和成本习性的考量也需适应新的市场环境。

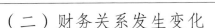

（二）财务关系发生变化

财务关系本质上是指企业在资金流转过程中与其他企业及内部各部门之间所形成的经济联系。区块链技术凭借其分布式数据库、现代密码学等手段，将这些关系紧密相连，通过高度协同合作，构建了一个更为错综复杂的财务网络。在这个网络中，企业间的资金流动不再局限于传统的货币媒介，而是转向电子货币形式，使得财务关系更多地体现为大数据与区块链技术之间的紧密联系。这种转变有效简化了传统的地方性财务关系。

（三）提高了财务工作的效率

1. 直接投资与融资更方便

传统财务模式下，筹资成本高昂且往往需要银行等中介机构介入。而区块链技术的出现，极大地推动了互联网金融的发展。在互联网早期，网上支付主要依赖银行这一第三方平台。而区块链技术的革新，使得点对点融资成为可能，人们只需通过互联网下载区块链网络客户端，便能轻松实现交易结算、投资理财及企业资金融通等金融服务。这一过程极大缩短了交易、投资、融资的时间周期，从数天乃至数周缩短至分秒之间，实现了投资红利记录与支付的即时反馈，增强了整个流程的透明度和安全性。

2. 提高交易磋商的效率

传统商务磋商中，双方人员需面对面交流，就商品价格、交易时间、交货方式等细节进行协商，并最终达成书面合同。然而，在互联网时代，特别是区块链技术的加持下，商务磋商变得更加高效与安全。通过网上实时视频交流，双方可以远程完成磋商；合同则通过网络快速传输，并利用区块链技术验证其真实性和有效性。这一系列变革极大地提升了财务业务的执行效率。

（四）财务的成本影响

1.减少交易环节，节省交易成本

区块链技术的应用，使得电子商务交易实现了直接的点对点交易结算，同时交易数据能够与 ERP 财务软件无缝对接，确保电子商务交易数据和财务信息的即时更新。这一过程中，资金的转移无需依赖银行等传统中介机构，从而解决了双向支付成本问题，特别是在跨境交易等场景中，显著降低了佣金和手续费用。

2.降低了信息获取成本

互联网的普及让商务活动步入网络时代，催生了新的商业模式。商家能便捷地通过网络获取商品信息，而区块链技术的运用更是如虎添翼。它能在海量网络数据中追踪节点，监控个体微商的业务动态，助力商家寻找投资伙伴，推动企业重组或优化资金配置，从而增加投资回报。这一系列优势表明，区块链技术有效降低了财务信息获取的成本。

3.降低了信用维护成本

众多企业在网络上进行财务数据交流，带来了高昂的维护成本。为了降低协调与建立信任的成本，区块链技术应运而生，它构建了一个去中心化的信用追踪体系。通过这一体系，人们可以方便地通过区块链网络查看企业的交易记录、声誉评分及社会经济因素的可信度。交易双方能够在线查询企业的财务数据，快速验证对方身份，从而有效降低了信用维护的成本。

4.降低财务工作的工序作业成本

企业财务核算与监督涉及多个复杂环节，每个环节都伴随着成本支出。为了确保财务信息的真实性并优化财务管理，采用区块链技术显得尤为重要。区块链的去中心化特性能够精简财务作业流程，缩短各环节耗时，在保障安全与透明的前提下，促进财务工作的高效优质完成，最终实现整体工序成本的显著降低。

第六节　财务管理信息化研究

当今时代，互联网与信息技术如双轮驱动，迅猛发展，不断重塑着人类社会的每一个角落。这一背景下，人际沟通变得前所未有的便捷，信息的流通与资源的配置效率显著提升，商业活动亦得以更加顺畅地展开。然而，市场环境的日益复杂与不确定性加剧，给各类组织机构带来了前所未有的挑战。单纯依赖传统的人力或机械化管理模式，已难以满足组织持续创新、保持竞争力的需求。财务管理，作为组织运营管理的核心板块，面对的是海量且复杂的数据处理任务。这些任务不仅烦琐，而且要有极高的准确性和时效性。因此，财务管理亟须借助更为便捷、高效、信息化的工具来辅助完成预算编制、内部控制、风险管理等关键环节。本节旨在通过简要剖析信息化手段在财务管理领域的核心价值，进而为各类组织在推进财务管理信息化进程中提供若干注意事项，以期为促进财务管理模式的现代化转型、提升组织整体运营效率与管理水平提供有益参考与启示。

一、财务管理信息化的重要性分析

（一）提高财务管理的效率和质量

传统的财务核算、管理及监控方式高度依赖人力，效率低下，且易受人为错误影响，导致信息偏差。随着信息技术的飞速进步和会计专业软件的成熟，财务管理模式经历了深刻变革：从纯人工操作，到依托用友、金蝶等会计软件实现自动化管理，再到如今整合企业各业务环节的 ERP 系统应用，这一转变极大地推动了财务管理效率的提升，使财务人员从烦琐的数据整理工作中解脱出来，从而更专注于与企业经营战略紧密相关的核心财务活动，显著提高了财务管理的质量和水准。信息化财务处理软件的优势主要体现在以下几个方面：首先，从信息汇聚的角度来看，信息化技术的应用，特别是内部网络的构建，有效整合了原先分散于各部门的数据孤岛，使得各部门能够借助内部高效的沟通渠道，实时向财务管理部门传递业务运营中产生的财务信息。这一流程极大地缩短了财务管理部门的信息收集时间，提升了工作效率。其次，信息化技术还促进了财务管理各系统间的无缝对接，实现了财务管理的整体化与一体化。现代劳动分工日益精细化，财务管理领域也不例外，这有助于每位员工充分发挥其专业技能，减少任务切换带来的时间损耗。在大型企业中，财务管理体系完善且水平卓越，不同的财务管理职责往往分配给不同的专业人员，如全面预算管理专员、内控机制建设专家等，他们可能运用着不同的系统软件和工具。而正是信息技术的介入，搭建起了一个集成化的平台，使得这些分散的系统与人员能够紧密连接，形成统一、高效的财务管理体系。

（二）加强资金监管

在财务管理的广阔版图中，资金管理无疑占据着核心地位，它如同一根红线，贯穿组织运作的每一个细微环节。这不仅仅意味着在业务收尾时对资金流向的细致审核，更在于资金启用前的周密规划与严格把控。从企业采购的源头——招标环节入手，通过专业团队的精细操作，与供应商进行策略性谈判，力求在质量保障的基础上，将物资采购成本压缩至最低。同样，在新品研发之前，深入的市场调研与可行性分析不可或缺，旨在将未来可能遭遇的研发失败风险预先降到最低。在此背景下，如何借助信息技术的力量，推动资金管理迈向高效、廉洁的新高度，成为财务管理部门亟待破解的关键课题。首要之举是利用信息化工具对内部业务流程进行深度优化，剔除冗余环节，调整存疑之处，促进采购、生产等部门与财务管理的无缝衔接，使每一笔资金的流动都能在财务的严密监控之下，从而有效遏制资金浪费与腐败现象。进一步而言，直接的信息交流机制使财务管理部门能够第一时间洞悉各部门的资金需求与实际使用情况，为精准编制资金计划、严格审核资金账目提供了坚实的数据支撑，确保了资金管理的精准高效。

（三）精确财务预算

预算管理，作为企业财务管理的另一大支柱，其优化与提升离不开信息化工具的深入应用。具体而言，这些工具在三个方面显著增强了预算管理的效能，进而推动了整个组织财务管理水平的提升。首先，在预算编制环节，信息化财务管理工具的广泛应用极大地缩短了财务数据的收集时间，并确保了数据的全面性与准确性。这使得财务部门能够迅速整合历史财务数据与当前部门需求，为预算编制提供更为精准的基础，无论是资金调配、固定资产规划还是原材料采购预算，都能更加贴近实际，为后续工作奠定坚实基础。其次，在预算控制方面，信息化渠道搭建起实时监控的桥梁。财务管理部门能够及时跟踪预算方案的执行情况，对外部环境变化导致的预算偏差进行迅速响应与调整，确保预算方案与实际情况保持高度契合。同时，对于因人为疏忽导致的预算执行不力，也能通过信息化手段进行责任追溯，有效维护预算的严肃性与权威性。最后，预算反馈的及时性与准确性对于高层决策至关重要。通过信息化手段，预算部门能够迅速将预算执行效果反馈给上级管理层，为战略规划与资源调配提供第一手资料。这些反馈数据不仅反映了组织的经营现状与财务健康度，还直接影响着组织的长期发展方向与战略部署。

二、推进财务管理信息化进程的注意点

（一）构建与信息化相匹配的人才队伍

组织活动的基石在于人才，而推动财务管理信息化的进程同样离不开专业人才队伍的支持。为了有效实施并深化信息化系统，组织需从以下几个关键方面着手构建适应需求的人才队伍。

首要之务在于革新财务人员的财务管理观念。传统模式下，财务管理工作往往局限于财务部门内部，从信息收集、预算编制到报表制作均由财务人员独立完成，且主要聚焦于组织当前的财务活动，缺乏与整体战略的深度融合。然而，信息化财务工具的引入促进了部门间及员工间的紧密协作，使得财务管理成为跨部门、全员参与的活动。因此，财务人员需调整视角，拥抱信息化工具，主动学习并应用，同时树立资源共享的理念，将财务管理与组织战略紧密对接，前瞻性地服务于组织的未来发展。其次，加强培训是提升财务人员专业素养的关键。信息化财务管理不仅要求员工精通财务理论与核算技能，还需掌握信息化系统的操作知识。企业应精心设计培训课程，针对现有财务人员的实际需求定制培训方案，采用高效培训方式，全面提升其专业能力。最后，构建与信息化相适应的人才队伍还需借助外部招聘的力量。在招聘过程中，应建立由人力资源部门主导、财务部门协同的评估机制，全面考察应聘者的财务管理能力、计算机操作水平及会计软件应用能力，从而从源头上优化人才结构，提升团队整体素质。

（二）配置相关的基础设施

信息化平台的搭建仅是财务管理信息化旅程的起点，而非终章。要让这一新兴工具真正发挥其潜力，必须确保其在组织内部得到切实有效的执行与贯彻。换言之，财务管理信息化的深入发展需要组织内部多项机制的协同配合。首先，依据国家法律法规，量身定制一套适合组织自身的财务管理信息化制度体系。该体系不仅要清晰界定信息化流程中各部门的职责权限，还应确立财务评价的标准化指标与要素，对违反制度规定的行为实施相应惩戒措施，以维护制度的严肃性与权威性。其次，信息安全保护不容忽视。信息化财务管理模式虽极大提升了工作效率，但也伴随着网络安全风险的增加。为防止组织网络遭受非法侵入，导致敏感信息与资源泄露，进而威胁到组织运营安全，各机构在构建财务管理系统时，必须同步部署完善的安全防护机制与软件，将网络安全风险牢牢控制在可控范围内。最后，构建高效、畅通的沟通渠道是信息化财务管理不可或缺的基础设施。通过构建正式与非正式并存的沟通网络，可以有效打破部门间的壁垒，促进资源与信息在各部门间的即时共享与流动。这种高度协作的环境不仅强化了内部监督力量，也为财务管理工作提供了更加全面、深入的支持。

第七节　网络环境下的财务管理

近年来，随着互联网平台的蓬勃发展并日趋成熟，各行各业对网络的依赖日益加深。企业的财务管理领域也在这场网络浪潮中经历着深刻的变革，不得不摒弃传统的管理模式，转而将财务软件、计算机技术等现代工具深度整合进企业管理体系之中，使得电子商务逐渐成为企业运营的核心支柱。这一系列的财务管理创新，不仅极大地推动了企业管理向数字化、信息化转型的步伐，还显著加速了企业电子商务的繁荣，并促使企业的管理流程更加标准化、规范化。然而，网络平台的应用如同一把双刃剑，在为企业带来前所未有的机遇的同时，也伴随着诸多挑战与影响。面对这样的形势，企业如何能够在财务管理领域实现创新与突破，以更好地适应未来社会发展的需求，已成为每个企业亟待解答的关键课题。

一、网络环境下企业财务管理模式的特点

（一）数据实时传递，有利于加强内部控制

网络信息系统在财务管理中的应用，克服了传统方式下财务数据传递滞后的问题。在网络环境下，企业财务信息系统实现了数据的即时流通、资源的高效共享及动态的监控与反馈，确保企业各环节的数据能随时更新并即时送达信息需求者，极大提升了财务数据的时效性与真实性。此外，依托及时反馈的财务数据，企业得以强化内部控制机制，进而促进了财务管理效能的整体提升。

（二）运行环境更加开放

在网络环境中，企业借助财务软件的兼容性优势，可于任一计算机端口录入财务数据，随后，所有联网的终端设备均可轻松访问、共

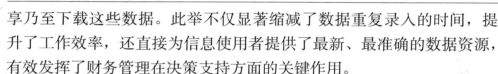
享乃至下载这些数据。此举不仅显著缩减了数据重复录入的时间，提升了工作效率，还直接为信息使用者提供了最新、最准确的数据资源，有效发挥了财务管理在决策支持方面的关键作用。

（三）数据信息更加集中

传统财务数据散布于各报表之中，彼此孤立，探索数据间联系耗时长。而采用先进的财务软件后，企业财务数据实现了无缝对接，能够灵活按需求分组，既保持独立又相互关联，极大地便利了企业管理者对数据的高效利用、深入分析及实际应用。

二、网络环境对企业财务管理的影响

网络环境对企业财务管理的影响主要体现在以下三点。

（一）加大了财务系统的安全问题

网络信息系统的引入虽极大便利了企业财务数据的利用，但也加剧了数据管控的难度，安全隐患不容忽视。其一，网络的广泛性与开放性暗藏风险，其不稳定性及易受病毒侵袭的特性，可能给企业数据带来毁灭性打击，扰乱财务管理秩序，危及企业利益。其二，为确保财务信息的安全、真实与可靠，必须严格限制访问财务管理系统的权限，防止人为篡改，这无疑对网络财务系统的安全防护提出了更高要求。

（二）转变了财务管理的职能

在网络财务管理的运作下，财务信息与企业数据实现了即时共享与反馈，这强化了财务对企业内部管控的作用，促使财务管理重心从传统核算向控制转变。财务人员角色因此变得多元化，不再局限于核算工作，而是更深入地融入企业管理中。这一转变不仅凸显了财务管理的核心价值，也对财务管理人员的能力与素质提出了更高要求。

（三）财务报表要求更加规范

网络财务管理遵循既定流程和模式，能自动完成记账凭证生成与财务报表编制，确保报表数据间可相互比对，增强了财务数据的真实性和可比性，推动了财务管理的规范化和标准化进程。鉴于此，财务工作者需不断提升专业能力和综合素养，以符合企业日益严格的规范化管理标准。

三、网络环境下企业财务管理创新的思路

深入分析企业财务管理的独特性及其面临的外部影响，我们不难发现，企业若欲达成其终极目标——利益最大化，就必须紧跟网络经济时代的步伐，勇于探索财务管理的创新路径，摒弃陈旧的财务管理手段，并重塑财务管理机制，以契合社会发展的新需求。鉴于此，在当前网络化迅猛发展的背景下，企业若要实现财务管理的全面网络化和信息化，亟须聚焦于以下几项关键工作的有效推进。

（一）创新财务管理模式

在网络化大背景下，企业的财务管理模式正经历从分散、局部向高度集中化的转型。企业应充分发挥网络的独特优势，实现对财务数据的远程操作，包括但不限于远程报账、查账，以及对库存状况和经营业绩的实时监控。这一过程充分利用了财务网络系统的实时数据资源，确保了管理层能迅速掌握企业的最新财务状况，有效识别并规避潜在的财务风险。这种管理模式的革新，不仅促进了企业的集中式管理，还优化了资源配置，使企业资源得到更合理的整合与利用，最终为提升企业的整体竞争力奠定了坚实基础。

（二）创新企业财务核算内容

在传统经营模式下，企业的竞争力往往由土地、设备、厂房等有形资产的多寡来衡量，这些资产也成为财务核算的核心要素。然而，随着网络化的飞速推进，企业已将核算焦点转向了基于供应链管理的

会计信息深度整合与决策支持上。新的商业环境呼唤全员参与，每位员工都被视为财务信息处理的一分子，需与管理者紧密合作，在产品设计规划、品类优化、销量提升等方面贡献力量，共同推动企业实现利润最大化。

（三）健全财务管理系统的安全保障体系

鉴于财务数据深刻揭示了企业的资产结构、负债状况、盈利能力及现金流等核心经营信息，直接映射了企业的运营实况，其真实性与安全性自然成为不可小觑的关键要素。在此情境下，确保安全成为企业管理的首要议题。因此，企业在部署网络财务管理系统时，需紧密关注网络环境中潜藏的安全漏洞与风险，以数字化技术为引领，紧贴市场需求，融合互联网多媒体、超文本等先进技术，构建一个动态、实时、可监控的财务体系。这一体系旨在构建一个多层次、全方位的财务安全网，为企业的财务数据提供坚不可摧的保障。

（四）创新企业财务管理人员培训体系

创新企业财务管理的首要任务是颠覆传统的以"资金"为主导的管理思维，摒弃旧有观念。企业应勇于打破既有的收益分配框架，积极探索并构建一套融合责任、权力与利益于一体的新型分配理论与财务运作机制，以此激发员工的积极性与创造力，共同推动企业管理目标的实现。企业的价值衡量标准亦需与时俱进，不再仅仅局限于债券市值、股票价值、企业规模及经营收益等层面，而应秉持"以人为本"的管理哲学，将人才视为推动企业经济发展的核心动力。在此数字化、网络化、信息化技术日新月异的背景下，企业在重塑财务管理理念的同时，更应加大对财务人员在网络技术应用、业务操作等方面的培训力度。这不仅能够提升财务团队的思想认识与专业技能，增强其管理与创新能力，更是实现企业"以人为本"管理模式的关键所在。具体而言，培训工作应聚焦于以下几方面：首先，根据员工的工作经历、背景、学历及能力等因素进行分组。对于已具备财务管理和经济理论基础的管理人员，应进一步培训现代网络技术，促使他们将经济学、会计学知识与网络技术融合，以全面、多角度地洞察新经济环境的需求，为企业领导层提供有洞察力的财务决策支持。其次，针对网络基础薄弱的基层财务人员，设计定制化课程，通过技术培训增强他们的网络知识，进而提升对企业经营状况的评估与分析能力。综上所述，持续强化财务人员的网络技术培训，是提升企业财务团队整体能力的关键所在。

在当今互联网技术与信息技术日新月异的背景下，企业若欲谋求发展，必须敏锐捕捉社会经济的新趋势，勇于革新传统的财务管理模式与方法。这包括革新财务核算内容、强化财务管理安全保障体系，以及创新财务管理人员的培训体系等多维度举措，旨在全面提升企业的核心竞争力，从而稳健迈向可持续发展的目标。

第三章 管理视角下财务会计内容及其创新

第一节 财务会计资产管理及其创新

一、资产管理的概念及特征

资产管理这一概念，在法律范畴内并未有严格统一的界定，中国学术界与金融监管部门在其内涵与外延上的理解存在一定差异。本书认为，不论如何界定资产管理的具体范畴，其核心特征均体现为"受托管理，代为理财"的财产管理模式。这一模式与信托的核心理念——"受托负责，忠诚执行"不谋而合，显示出资产管理业务深植于信托法律属性的土壤之中，尽管信托的覆盖范围更为广泛。在信托的多样形态中，除了旨在追求经济利益的商事信托外，英美法系还涵盖了诸如家族信托、私益信托等，它们依据继承、抚养、家族财富传承等特定目的而设立。因此，"代人理财"仅是信托"忠诚履行职责"众多表现形式中的一种。通过观察当前金融监管政策的动向可知，我国正逐步迈向一个"大信托"或"泛信托"概念的资产管理"统一监管"新阶段。

二、财务会计无形资产管理

（一）无形资产的定义及特征

无形资产是指企业长期持有、不具备实物形态且非货币性的资产，用于商品生产、劳务提供、出租或管理目的。这类资产涵盖专利权、专有技术、商标权、版权、土地使用权及商誉等，它们要么代表企业独有的特殊权利，要么能显著提升企业的盈利能力，超越行业平均水平。

《企业会计准则第 6 号——无形资产》中明确表述，无形资产被划分为可辨认与不可辨认两类。前者具体包含专利权、专有技术、商标权、版权、土地使用权及特许权等；而后者特指商誉，其独特之处在于难以明确辨识。

当前，国际上对无形资产的界定尚未统一。《国际会计准则第 38 号》将其定义为用于生产、供应商品或劳务、出租或管理目的而持有的、无实体形态且可辨认的资产。英国《财务报告准则第 10 号》则指出，无形资产是不具实体形态、可识别且企业能掌控的非金融性长期资产。相比之下，我国的无形资产概念与国际及英国标准有所不同，显著特点在于我国的定义中包含了商誉这一类别。

（二）财务会计无形资产计量的创新

随着知识经济时代的来临，无形资产对于企业的生存与发展变得日益重要，在某些高科技企业中，无形资产甚至占据了企业总资产的50% 以上。然而，现有的财务会计体系主要建立在 20 世纪 30 至 60 年代成熟的工业经济基础上，侧重于有形物质资源的计量。这种体系在处理无形资产时依然沿用传统的不完全历史成本计量方法，不仅无法全面反映无形资产的实际成本，也无法准确披露其价值与风险状况。鉴于此，企业的利益相关者比以往任何时候都更加迫切地需要获取有关无形资产的信息，特别是这些资产对未来收益和风险的影响，因为这直接关系到企业的盈利能力及竞争力。因此，改革无形资产的会计计量方式已经成为当务之急。

由于无形资产缺乏一个公开且成熟的交易市场，因此通常需要通过计算其现值来体现构成公允价值的各种因素。目前在我国采用的几种无形资产评估方法中，只有收益现值法是基于无形资产未来的收益来评估其当前价值的。然而，当我们把我国的收益现值法与上述美国公告中的建议相对比时，很容易就能发现我国的这种方法存在诸多不足和局限性。

（三）财务会计无形资产管理的创新

1. 无形资产管理内容创新

（1）显性无形资产管理与隐性无形资产管理相结合

在传统概念中，无形资产包括专利权、商标权及专有技术等，企业对于这些资产有着较为全面而深刻的理解。相比之下，还有一些在企业内部存在的隐性无形资产，如知识资源、企业战略及企业文化等，这些往往容易被财务会计人员所忽视。然而，这些隐性无形资产在企业经营管理和决策过程中起着至关重要的作用，应当被纳入无形资产管理的范围之内。隐性无形资产管理的质量直接影响着显性无形资产的管理水平，良好的隐性无形资产管理可以极大地促进显性无形资产的价值实现。例如，良好的企业文化为显性无形资产的管理创造了一个积极的支持环境；同时，企业在制定发展战略时也需要考虑如何有效地管理显性无形资产。因此，管理者需要将显性和隐性的无形资产管理相结合，以更全面的视角来审视和优化企业的无形资产管理内容。

（2）人力资源管理与知识资源管理相结合

企业的无形资产管理主要依靠其员工进行，而员工进行有效管理的基础是丰富的知识资源。因此，为了强化无形资产管理，企业首先需要重视人力资源与知识资源的管理。一方面，企业可以通过物质或精神上的激励措施来激发员工的创新意识和热情，帮助他们实现自我价值的同时，也能为企业留住宝贵的人才。另一方面，企业内部可以构建一个员工交流平台，增进员工间的相互了解与信任，促进知识和信息资源的有效共享。知识管理的核心目标在于将员工个人所拥有的隐性知识转化为企业的显性资产。比如，将某个员工在生产过程中的创意转变为企业的技术专利。因此，企业应当将人力资源管理与知识资源管理相结合，从根本上保证无形资产管理工作的高效开展。

2.无形资产管理组织创新

（1）组建无形资产管理团队

无形资产管理应设立专门团队，由企业财务及会计专家领导，专注于研发、运营、维护到绩效评估的全过程。团队内部及跨部门间需保持紧密沟通，共享信息。特别是市场销售及未来市场定位对无形资产研发至关重要，研发人员需与营销和战略部门紧密协作。同时，团队内部应强化合作，确保新研发的无形资产通过有效运营和维护实现长期增值。绩效考评作为反馈机制，评估前期工作成效。按职能分配人员，明确职责，协同作业，实现对无形资产的全面管理，既保证管理质量，又提升管理效率。

（2）构建无形资产与人力资源创新管理机制

首要任务是优化人力资源生态。企业的无形资产管理与人力资源环境息息相关，要求从高层管理者到基层员工，都需深刻认识到无形资产研发、运营及维护的重要性，这一观念应贯穿企业的运营哲学、服务策略与实践之中。在人力资源策略规划、人才招募、薪酬体系设计及绩效评估等环节，均需融入无形资产管理的思维，以此激发员工参与无形资产管理的热情，挖掘其创新潜能，推动无形资产管理与人力资源管理的深度融合。其次，建立基于无形资产考量的人力资源评价体系。摒弃传统的资历导向考核模式，代之以与无形资产紧密关联的评价指标，结合定量与定性分析，对员工绩效进行全面评估。再次，革新人力资源激励机制。企业应构建与贡献挂钩的激励体系，根据员工在无形资产创造、运用及保护等方面的实际贡献，灵活采用奖金、额外休假、职位晋升等多种方式予以奖励，确保员工深切感受到企业无形资产管理的成效与个人利益紧密相连，激发其长期贡献的动力。最后，完善人力资源与无形资产的双重监督体系。鉴于人才流失常伴随无形资产损失的严峻现实，企业财务与会计管理人员需建立严格的监督机制，全程监控与人力资源相关的无形资产生成、成长及流转过程，对关键岗位人员实施动态监督。同时，通过签订保密协议等法律手段，约束离职员工行为，有效防止企业核心技术、专有知识等无形资产因人员流动而流失。

3. 无形资产管理工具创新

（1）建立无形资产信息系统

当前，我国无形资产管理方式相对滞后，主要依赖于传统的会计账簿记录方式，这种方式在信息传递上存在显著局限。一方面，由于财务会计管理人员难以及时捕捉无形资产的最新动态，企业可能因此陷入法律纠纷的困境；另一方面，无形资产在研发、运营及维护过程中的详尽信息往往未能得到有效保存，造成信息缺失。鉴于此，企业亟须构建一套无形资产信息系统，旨在全面、系统地记录并追踪无形资产管理的各个环节，为管理层提供决策支持。该系统可细化为静态信息库与动态信息库两部分。静态信息库专注于存储无形资产管理的历史资料，作为档案留存，为后续管理工作提供宝贵参考；而动态信息库则基于详尽的核查与统计，实时反映无形资产的存量变化及最新动态，确保管理层能够迅速掌握无形资产的最新状况。以商标和专利为例，通过信息化手段管理，企业能够清晰掌握国内外注册与使用状况，及时应对潜在的权利冲突，如提出异议或申请宣告无效，有效遏制恶意抢注行为，从而坚实维护企业的无形资产权益。

（2）将无形资产信息系统纳入企业信息化系统之中

无形资产信息系统并非孤立存在，而应是企业整体信息化架构中不可或缺的一环。现今，众多企业财务会计管理人员已普遍采用财务软件来简化记账流程，实现了会计工作的电算化转型。在此基础上，无形资产的信息化管理能够作为会计电算化的有力补充，为财务报表提供更加完整、真实的无形资产数据支撑。为此，企业应持续推动无形资产信息管理向科学化、规范化迈进，确保无形资产信息系统在企业信息化建设和日常经营管理中发挥出核心价值。

三、财务会计固定资产管理

（一）固定资产的概念及特征

固定资产指的是那些耐用性强、价值不菲，且在长期使用中保持原貌不变的资产。其特点有三：一是预计使用寿命超过一年或一个完整的经营周期，且形态稳定；二是专为生产经营所用，非销售目的；三是其价值折旧与实物更新是两个独立过程。在固定资产的使用期间，其价值会逐渐通过折旧方式转移，而其物理形态则往往保持不变，直至无法或不宜再使用时，才会考虑替换或处理。

《国际会计准则第 16 号》定义固定资产为有形资产，需满足两个条件：一是用于生产、服务、出租或管理目的；二是使用期限跨越多个会计期间。而我国《企业会计准则第 4 号》则将其界定为同时具备以下特征的有形资产：一是服务于商品生产、劳务提供、出租或经营管理；二是使用寿命超过一个会计年度。

企业界定固定资产一般基于两个核心标准：一是使用期限需超过一年；二是单位价值需达到特定标准。

《企业会计准则第 4 号》明确指出，固定资产的确认需同时满足两个条件：一是该资产能为企业带来明确的经济利益；二是其成本能够被准确、可靠地核算。

企业在确定固定资产时，需依据其定义及确认条件，并结合企业实际情况进行判断。例如，环保与安全设备等，虽不直接产生经济收益，但对企业从其他资产中获取经济利益有辅助作用，也应视为固定资产。但需注意，这类资产与其辅助对象的总价值不应超出它们的可回收总额。若固定资产的各部分具有不同的使用寿命或提供经济利益的方式不同，进而需要采用不同折旧率或方法的，应分别确认为独立的固定资产。

（二）固定资产的计价

1. 固定资产的计价方法

固定资产的计价主要有以下三种方法。

（1）按原始价值计价

固定资产的入账价值，常被称为历史成本计价，即记录其从购建至预定使用状态前的一切合理必要支出。这种计价方式基于实际发生的凭证，确保了客观性和可验证性，是固定资产计价的基础标准。然而，当经济环境尤其是通胀和资本成本显著变化时，历史成本可能无法准确反映资产的真实价值。尽管有人提议用现时重置成本来替代，但鉴于其频繁变动和操作的复杂性，我国会计制度仍坚持使用历史成本作为固定资产的计价方式。

（2）按重置价值计价

按重置价值计价的计价方式也叫作重置完全价值计价或现时重置成本计价，简言之，就是按照当前的生产力水平和技术标准，重新购买与现有固定资产完全相同的新设备所需支付的全部费用，作为该资产的入账价值。

（3）按折余价值计价

按折余价值计价指的是将固定资产的原始购买价值或重新购置所需的全额价值，减去已经计提的折旧金额后，所剩余的净值作为该资产的入账价值。这一数值能够直观地体现企业在固定资产上的资金投入量，以及这些资产的新旧状况。

2.固定资产价值的构成

固定资产在获取时，应按实际发生的成本进行入账登记。这些成本涵盖了购买价格、进口税费、运输保险等额外费用，以及将资产调整至预定使用状态前的所有必要支出。根据《国际会计准则第16号》，固定资产的成本构成还详细包括了买价（需扣除商业折扣和回扣）、进口关税、不可退还的购置税款，以及直接关联于使资产就绪的支出，如场地准备、初始运输装卸、安装、专业服务费、拆卸搬移及场地清理等。值得注意的是，这些直接归属成本的确认需遵循《国际会计准则第37号》关于准备、或有负债和或有资产的规定。

（三）财务会计固定资产管理的创新

1.进一步完善内部控制的环境

企业内部控制环境的质量直接关系到其内部控制措施能否得到有效执行和实施。因此，强化和完善企业内部控制环境建设，是确保固定资产内部控制得以落实的核心，对固定资产管理工作具有至关重要的意义。

2. 规范固定资产管理相关制度

从当前分析来看，各企业在固定资产管理方面已构建了一套较为全面的管理制度，涵盖了从采购至报废的全过程，并在内部控制上针对潜在风险采取了相应措施，如设立财务审批制度。然而，部分环节如盘点与报废等仍存在制度不规范的问题，这阻碍了管理责任与义务的切实履行。

3. 改善固定资产管理流程信息体系

随着电子信息技术的飞速进步，信息化管理已成为现代企业管理不可或缺的一环，显著提升了管理效能，尤其在固定资产管理方面，信息化手段极大地减轻了日常管理负担。当前，众多企业已采用信息化管理技术来优化固定资产管理。然而，对于拥有众多事业部和分、子公司的大中型企业而言，管理挑战尤为突出。横向看，管理需覆盖广泛分布的各个事业部与分、子公司；纵向看，管理流程则需跨部门协作，涉及技改、采购、运营、财务等多个部门，信息流通复杂且量大。尽管各事业部和部门已引入信息化管理系统，但由于数据标准不一，导致简单流程变得烦琐低效，管理效率与效果均受影响。此外，固定资产的广泛分布使得管理人员难以实时掌握其动态使用情况，从而进一步加大了管理难度。

针对上述问题，建议构建一个图形界面的固定资产管理信息平台，其独特之处在于融入了现场管理层级，并创新性地结合了二维码管理技术和日常盘点机制，旨在实现固定资产的全链条、精细化跟踪管理。

此固定资产管理信息平台构建了共享网络数据库，直接在图账中标明各固定资产责任人，清晰界定了职责。增设的现场负责人增强了实地监管，让固定资产的使用与损耗情况更加透明、实时。借助二维码管理，任何差异或变更都能即时通过图账平台反馈至财务部门，并同步更新资产信息。现场负责人的介入优化了管理流程，剔除了非必要环节，确保了固定资产状态的精准监控与高效管理。

第二节　财务会计负债管理及其创新

一、负债概述

（一）负债的概念

负债指的是事业单位需用货币计量的，并需通过资产或提供服务来偿还的各类债务。它涵盖了借款、应付未付及预收款项，以及应缴交的费用等。

（二）负债的内容

1. 借入款项

借入款项是事业单位从政府财政部门、上级管理部门或金融机构获取的资金，需支付相应利息。这些资金无论用于何处，均视为事业单位的负债。还款时，需偿还本金及产生的利息。若至期末仍有未归还的本金，将在"资产负债表"的流动负债部分予以体现。

2. 应付及预收款项

应付及预收款项指的是在业务运营过程中，因采用商业汇票结算或预收费用等方式，而对相关方产生的待收款项。这涵盖了应付票据、应付账款、预收账款及其他应付款等。这些款项需及时进行清理和结算。

3. 应缴款项

事业单位需缴纳的各类款项种类繁多，其中包括依照财政部门规定需上缴国库的预算内资金、需划转至财政专户的预算外资金、应缴的税金，以及根据上级部门要求需上交的其他款项。

4. 应付薪酬

事业单位应付职工薪酬，则是指事业单位根据国家政策规定，应支付给在职员工及离退休人员的薪酬，具体包括工资、离退休费用、各类津贴补贴及其他个人所得。

二、负债的确认和计量

（一）负债的确认

首先，对负债的确认必须经过严格的审核流程；其次，负债的计量务必遵循法律法规，确保精确无误，且有明确的制度可依，既不多报也不少算，要求真实、准确、迅速地反映在会计报告中，以维护经营者、职工、投资人及债权人的合法权益和公正性。负债的确认必须同时达到以下两个必要条件。

1. 与该义务有关的经济利益很可能流出企业

负债的核心特质在于其预示着企业将承担经济利益的流出。在实际操作中，这种流出的具体金额往往难以确定，尤其是预测与义务履行相关的费用时，常需大量估算来辅助。因此，在确认负债时，必须综合考虑经济利益流出的不确定性。若存在确凿证据显示，与当前义务紧密相关的经济利益极有可能从企业流出，则应将其视为负债进行确认。相反，若企业虽已承担某项现时义务，但该义务引发经济利益流出的概率极低，则不满足负债的确认标准，不应将其计入负债范畴。

2. 未来流出的经济利益的金额能够可靠地计量

在确认负债时，除了需评估经济利益是否会流出企业外，还需确保未来流出的经济利益的金额能够被可靠地计量。对于基于法定义务的经济利益流出，其金额通常可以依据合同条款或法律规定直接确定。然而，鉴于这些经济利益的流出往往发生在未来，且有时时间跨度较长，因此在计量时还需纳入货币时间价值等因素的综合考量。至于推定义务所导致的经济利益流出，企业应基于履行该义务所需成本的合理估计来确定金额，同时充分考虑到货币时间价值、潜在风险等多重因素的影响。

（二）负债的计量

企业在财务报表中展现负债时，应确保其以公正、合理的价值呈现，因为一家企业的负债在另一市场主体眼中即为其资产的一部分。因此，评估负债的公允价值，实质上是在评估若该负债转为另一方的资产时，其应有的价值。比如，在估算应付票据或债券的公允价值时，我们设想一个价格点，使得其他实体愿意以此价格接收这些负债作为其自身的资产。然而，负债的计量与资产的计量在某些方面存在显著差异。虽然各企业在行使其权利方面的能力大致相当，但他们在履行义务方面的能力却因财务状况和信用状况的不同而大相径庭。此外，当一家企业的负债转化为另一市场主体的资产时，是否应将此交易可能产生的利润纳入负债的账面价值之中，也是一个值得深思的问题。

三、负债管理方法选择

（一）建立完善的动态监控机制

1. 进一步规范部门职能划分与业务流程

为确保企业资产负债管理的顺畅运作，构建一套与企业成长轨迹相契合的内部管理体系与运作机制是不可或缺的基石。其首要之务是根据企业作为一级法人授权经营的特性，持续深化内部管理体制改革，旨在构建一个权责界定清晰、管理理念先进、运营效能卓越的组织架构。这意味着需精准划分各级管理层的权限与经营职责，强化资源调配能力，同时以业务核心为导向，优化组织架构布局，灵活调整分支机构设置及其职能，以促进效率提升。进一步地，需对企业内部各级单位的机构设置进行梳理与优化，以消除因职责界定模糊导致的部门间割裂、纷争与推诿现象。其关键在于确保每个内部机构都能紧密围绕资产负债管理的核心目标，形成协同效应，相互支持，共同构建起一个高效协同、目标一致的管理生态系统。

2. 应用信息系统，整合相关信息资源

经营管理活动的深入分析离不开实时、精确、全面且真实的数据信息支撑。这些数据是监督管理的利器，在资产负债管理的语境下，缺乏一套科学严谨、真实反映并能有效监督管理活动的数据信息系统，简直是难以想象的。当前，尽管许多企业已实现了数据集中化，但基础信息的层次不清、客户信息收集的滞后性，导致了信息不对称、零散无序，严重拖慢了整体信息的流通速度。为此，其首要任务是加强业务的精细化管理，包括科目与期限管理，以实现对资产负债在期限结构上的综合把控。同时，构建多维度的信息数据统计体系，促进信息资源共享，优化资产负债的安全配置，确保期限与价格之间的对称关系。其次，应建立以客户为核心的信息管理体系，深入洞察客户需求，实施差异化管理策略。这意味着要加快客户信息的收集、积累与更新步伐，并以此为基础进行深入分析，构建起现有及潜在优质客户群，为企业的资产负债模型分析提供全面、详尽的数据支持与信息参考。

3. 提高风险预警与识别能力，建立风险预警模型

针对企业特定行业环境与客户群体，我们应构建一个综合性的风险分析数据库。该数据库融合宏观与微观经济趋势、授信基础信息等多方面数据，并聚焦于风险主体、客体、标准及业务管理的统一整合。其核心在于风险的全方位识别、精准评估、有效管理及严密监控。要求企业内部不同职能部门依据风险管理规范，分层次、统一地管理整体与单一风险，确保每个涉及风险的部门都能严格遵循自身职责行事。为了提升风险管理效能，我们需建立和完善风险预警机制，包括创新分析方法和构建精准的计量模型。借鉴国际商业银行风险指标体系的先进经验，我们的设计中定性指标将占据主导地位，占比超过50%，且权重不低于70%，以此强化风险分析的深刻性与全面性。风险预警系统将深入细化定性指标，力求减少主观判断带来的偏差，同时结合定量指标，运用时间序列分析等先进工具，实现从静态到动态的风险分析转型，确保风险预警的时效性与准确性。

（二）拓展业务品种，提高资产负债管理的灵活性

现代负债管理策略包括缺口管理法、持续期管理法及情景管理法等，其高效实施的关键在于负债的多样性与流动性。这正是西方商业银行能够成功运用这些先进管理方法的基础。然而，反观当前企业负债状况，主要是普遍缺乏必要的多样性和流动性。

企业的非现金类资产构成中，贷款占据主导地位，证券资产仅作为辅助，且贷款产品的付息结构显得单一而缺乏变化。鉴于企业资产的这一特性，为了更有效地进行资产项目管理，我们亟须加强资产组合管理的力度。通过优化资产配置，提升负债的多样性和流动性，从而为现代负债管理方法的引入与有效运用奠定坚实基础。

以信贷资产为例，我们首先要认识到不同类型的贷款承载着各异的风险水平，它们的组合与结构布局会直接影响到整体风险状况。因此，在配置贷款类型与结构时，必须紧密贴合借款人的实际需求、资金用途及其信用状况。其次，要高度重视并有效管理贷款组合中因客户、地域、类型等因素导致的过度单一或集中风险，设定明确的风险警戒标准，以规避潜在风险。再次，客户选择是构建优质客户群的关键。这要求我们不仅要维护好现有的老客户，还要积极开拓新客户，同时区分出理想客户与需进一步观察的客户，以及正处于成长或衰退阶段的客户。为确保资产组合的精准与合理，必须为每位客户明确风险信用等级，并通过量化指标如销售收入、资产规模、盈利水平、与集团的关系及其在集团内的地位等进行综合评估。最后，通过深入分析每位客户可能带来的风险，可以更精准地划分市场，确定目标区域，从而为提升资产质量奠定坚实的基础。

当前，企业的负债构成中，存款等形式的被动负债占据主导，这导致负债的流动性相对较弱，同时缺乏多样性。在负债管理的实践中，部分企业采用了一种差额管理模式，即分支机构并非完全将资金来源上缴至公司总部，也不完全依赖总部来满足所有资金需求。相反，它们会先对自身的资金流入与流出进行差额计算，将剩余资金存入公司总部的融资中心，而仅在出现资金缺口时才向总部申请借款。这一过

程中，分支机构拥有自主决策权，决定是存款还是借款。

（三）以创新为突破口，不断向负债管理的最优模式靠拢

企业负债管理的理想模式应当根植于风险资本的有效配置，核心聚焦于缺口管理策略，同时灵活运用利率调整、资本收费及考核机制作为调控手段，旨在推动负债结构的持续优化与业务的稳健快速增长。在此过程中，积极拓宽业务范围、深化金融产品创新，特别是中间业务的拓展显得尤为关键。中间业务不仅不增加负债负担，还能通过手续费和佣金收入为企业带来额外效益，是提升整体盈利能力的有效途径。值得注意的是，国外商业银行的中间业务收入普遍占据总收入的显著比例，超过三成。相比之下，当前企业收入结构过于依赖贷款利息，中间业务收入占比较低，这间接揭示了信贷资产风险集中、创新业务占比小、服务品种有限等问题。因此，负债管理的创新应紧抓中间业务发展的契机，以此为突破口，全面提升企业的负债管理水平。

构建负债组合管理体系，其本质在于精准调控风险资本，实现负债策略与风险管理策略的深度融合与高度一致。此体系涵盖了资产与负债的组合结构设计、两者间的匹配管理、风险资本的精准分配与绩效评估，以及基于风险调整的资本收益率管理，并辅以针对性的管理调整建议。其关键在于，需将资产与负债管理策略紧密融合，细致考量两者间的契合度，平衡风险因素与协调发展需求，精确计算各类资产业务在风险调整后的综合收益率，进而以此为依据，明确企业新资产业务及创新业务的发展标准与导向。仅当业务品种的调整后收益率符合预期目标范围时，方视为具备推广价值，此举有效规避了单纯追求存贷款规模扩张的误区，强调了负债结构优化的重要性。在有限资本约束的框架内，通过企业内部风险模型，我们可以深入剖析经营活动所面临的潜在风险与非预期损失，并综合考量监管标准、股东期望回报及所承担风险等多重因素，为各项业务科学配置资本，确保资本流向最能发挥其效能的领域。同时，将风险调整机制与业绩激励机制相结合，利用历史数据的深度挖掘与分析，在预设收益目标下，精准计算最优缺口偏离度，确立公司对于缺口风险的偏好与匹配度标准，

持续监测与目标取向的差距，并据此调整负债业务结构与发展方向，推动负债组合的持续优化与动态调整，旨在实现组合效益的最大化。此外，需紧跟市场变化与基本面动态，灵活调整负债组合管理策略，确保在优化负债组合结构的同时，不断提升整体盈利能力，并有效管理风险，实现风险与利润、长期利益与短期收益、股东利益与企业经营目标之间的和谐共生与均衡发展。

第三节　财务会计所有者权益管理及其创新

一、所有者权益的概念

所有者权益简言之，就是企业在偿付完所有债务后，归属于其所有者的那部分资产权益。对于公司而言，这常被称为股东权益。它代表了所有者对企业资产在偿还债务后剩余的求偿权，既显示了投资者资本的保值与增值状况，也体现了尊重并保护债权人利益的原则。

二、所有者权益的性质及构成

（一）所有者权益的性质

所有者权益是企业所有者对净资产的拥有权，是会计的核心要素。它等同于企业总资产减去总负债后的价值，即企业的净资产。对于不同类型的企业，如独资、合伙或公司制，这一权益分别称为业主权益、合伙人权益和股东权益。尽管所有者权益与负债都是对企业资产的权利主张，但两者有显著不同，主要体现为以下几点。

1. 性质不同

企业与债权人之间的财务关系通常提前有清晰约定，债权人根据既定条件收取本金和利息。而所有者则根据公司盈利状况和分红政策获得收益。负债代表了企业对债权人的财务责任，而所有者权益则体现了企业对所有者的经济责任。从这个角度看，真正承担企业经营风险的是所有者。

2. 权利不同

债权人作为企业的负债对象，仅与企业存在借贷关系，不参与企业管理及利润分配。而投资者作为所有者权益的持有者，拥有法律赋予的参与企业管理或委托管理的权利。因此，投资者不仅能获得可能高于利息的股利，还享有对未分配净利润（即留存利润）的权益，这是债权人无法享有的。

从会计基本等式"资产－负债＝所有者权益"出发，所有者权益可视为一种剩余权利。会计计量基于特定假设和原则，但经营中物价、币值、汇率等因素波动可能使计量结果偏离现实。故会计核算下的所有者权益多为账面价值。若企业清算，所有者实际权益为资产清算值减去负债，即所有者权益实为净资产的当前价值。

3. 偿还责任不同

负债具有明确的偿还期限，企业需按约定利率支付利息并在到期时偿还本金。债权人获得的利息和偿还时间相对固定，与企业经营业绩关联不大，因此风险较低。相比之下，在企业持续运营期间，投资者不能随意撤回投资。他们的投资回报直接受企业经营成果影响，因此比债权人承担更高的风险，但也享有分配企业利润的权利。

4. 偿还顺序不同

企业在处理债权与所有权时遵循一定的优先级顺序，通常债权优先于所有权。这意味着在企业进行清算分配剩余资产时，债权人的要求权会先于所有者得到满足，债权被视为第一位的权利要求。

（二）所有者权益的构成

不同类型的企业，在所有者权益的具体项目名称和细节上可能会有所不同，但基本上所有企业的所有者权益都由相似的几个主要部分组成。这通常包括：企业的初始投入资本、资本增值所形成的资本公积、企业盈利后按规定提取的盈余公积，以及尚未分配给投资者的利润（即未分配利润）。

1.投入资本

投入资本是指企业从投资者那里实际获得的资金，这是所有者权益的核心和基石。根据投资者的不同，投入资本可以分为国家、法人、个人及外商投资等几大类。

与投入资本紧密相连的一个概念是注册资本，它指的是企业在成立之初向工商管理部门申报并登记的资本总额。如果企业选择分期筹集资本，那么在完成最后一次资本注入之前，实际投入的资金会少于注册资本的总额。

2.资本公积

投入资本有明确的投资者归属，但有些特殊情况导致的所有者权益难以直接分配给具体投资者，且这些权益并非源自盈利。这类权益被称为资本公积，涵盖了如资本（或股本）的超额部分、接受的捐赠资产、外币资本折算产生的差额等。资本公积是全体所有者共享的一种权益。

3.盈余公积

盈余公积是企业在缴纳所得税后，从剩余利润中留存下来的资金，具体分为必须按照法律规定提取的法定盈余公积金、企业自主决定提取的任意盈余公积金，以及用于特定公益事业的法定公益金。

4.未分配利润

未分配利润指的是企业目前还未决定分配给股东或留作未来分配的、累积下来的盈利部分。

三、所有者权益综合管理

（一）资本公积金管理

1.资本公积金的概念

资本公积金是一种特殊的资本形式，它并非直接来源于投资者的投入，而是由于资本增值、资产重估或其他非投资性原因累积形成的。虽然它不同于股东直接投入的资本，但在本质上仍属于企业的资本范畴。与明确来源和归属的投资人资本不同，资本公积金反映了企业资产增值或特定经济事件下的资本储备，其主要功能是作为一种储备性质的资本，为企业未来的发展和扩张提供支持。

2. 资本公积金的构成

资本公积金主要包含三部分内容：一是当资本（或股本）超过其面值而产生的溢价；二是企业资产经过法定程序重新评估后增值的部分；三是投资者以外币形式投入资本时，由于汇率变动所产生的折算差额。

（1）资本（股本）溢价

在合资企业中，若涉及两个或更多投资者，每位投资者根据其出资比例享有参与企业经营决策的权利，并承担有限责任。企业成立之初，所有投资者认缴的资金均视为初始投入资本。然而，当企业运营过程中有新投资者加入，特别是企业重组前，为了保障既有投资者的利益，新投资者的出资并不总是全额计入实收资本。这是因为，相较于企业初创时投入的资金，后续加入的资本虽可能在数量上相当，但其面临的经营环境、风险及预期回报已大不相同。企业初创阶段，需经历筹备、试产、市场开拓等漫长且充满挑战的过程，这期间资本的投资回报率往往较低，且伴随着较高的不确定性。一旦企业步入正轨，其资本利润率通常会显著提升，这得益于初创期所积累的资本基础及市场地位。这种高于初创期的利润率，实际上是初创阶段所必需的前期投入与努力所换来的成果，企业为此付出了时间与成本的代价。因此，即便是相同金额的投资，由于投入时间点的不同，其对企业发展的贡献度及赋予投资者的权益也会有所差异，通常初创期的投资所带来的影响力和权益要大于后续加入的投资。简而言之，新投资者若想获得与老投资者相同的股权比例，需投入更多资金，因为老投资者的投资已随时间增值，包括未分配利润形成的留存收益。这些留存收益虽未直接转为实收资本，但同样属于投资者权益。因此，新投资者若要分享这部分权益，也需增加出资。投资者的出资中，按股权比例计算的部分计入实收资本，超出部分则视为资本溢价，应计入资本公积金。

（2）法定财产重估增值

当企业经历产权变动、兼并、隶属关系变更、资产清查、破产、股份制改革试点、改组或拍卖等重大事件时，依据《企业财务通则》的要求，企业需对资产进行重新评估。评估后确认的资产价值与原有账面价值的差额，将作为资本公积金进行会计处理。

（3）资本汇率折算差额

资本汇率折算差额本质上是指因资产账户与实收资本账户在折算时采用不同日期的外汇汇率，从而导致的记账本位币金额之间的差异。在企业筹集资本金时，若投资者以外币形式出资，则需将这些外币金额转换为记账本位币进行记录。根据规定，资产账户通常依据出资当日的国家外汇牌价或当月首日牌价进行折算，而资本账户的折算汇率虽然同样基于国家外汇牌价，但具体日期可能与资产账户不同。若投资合同或协议中有明确约定，则应按照约定的汇率进行折算；若未明确，则按照企业实际收到出资时的外汇牌价进行转换。为了保持资本金额的稳定性，这种因汇率不同而产生的差额不得直接调整资本账户，而是应当作为资本公积金来处理。

3. 资本公积金的用途

企业资本公积金的主要用途有两点：首先，它常被用来增加企业的注册资本，即转增资本金；其次，当企业投资者以外币形式投资，且合同中约定的外币对人民币的折算汇率高于国家外汇牌价时，所产生的差额会依据投资者的出资额进行计算，并从企业的资本公积金中相应减少。

（二）投入资本的管理

1. 投入资本的概念

投入资本，即企业依据既定合同条款实际接收的各类资产总和，它代表了所有者向企业注入的资金数额，也是企业法定注册资本的基石，确立了所有者与企业之间的基本产权纽带。实收资本的构成比例，作为关键依据，指导着企业向投资者分配利润或股利的决策过程。根据《中华人民共和国企业法人登记管理条例》（简称《条例》）的相关规定，除非国家另有特别指示，企业的实收资本需与注册时声明的资本额保持一致。若企业的实收资本相较于原始注册资本发生超过 20% 的增减变动，则需携带资金使用或验资的正式证明文件，向原登记机关提出变更登记的申请。

2. 资本的构成

企业的资本构成多元化，主要包括国家资本、法人资本、个人资本和外商资本四大类别。其中，国家资本源自那些具有国家投资代表权的政府部门或机构，他们通过注入国有资产到企业中形成；法人资本则是由其他法人实体以其合法拥有的、可支配的资产投入企业中所构成的；个人资本，则是来自社会各界个人或是企业内部员工，他们以个人合法财产为基础，投入企业而形成的资本；至于外商资本，则涵盖了来自外国投资者，以及我国香港、澳门、台湾地区投资者的投资，这些资金注入企业后也成了企业资本的一部分。

3. 资本的筹集方式

筹资模式（也称为融资方式）指的是企业在筹集所需资金时，所能采取的一系列具体方法和途径。对于我国企业而言，常见的筹资模式包括以下几种：一是直接吸引外部投资者的资金投入；二是通过发行股票在证券市场上筹集资金；三是利用企业内部的未分配利润和盈余公积等留存收益进行再投资；四是从银行等金融机构借款；五是利用商业交易中的信用关系进行融资；六是发行公司债券给投资者，以此筹集资金；七是采用融资租赁的方式获取资产使用权；八是实施杠杆收购策略，通过借贷资金来收购目标公司。值得注意的是，前三种筹资模式筹集到的资金被视为企业的权益资本，而后几种方式筹集的资金则构成企业的负债资本。

随着我国金融市场的日益成熟，企业在筹集资金时拥有了多样化的选择。企业应当基于自身的经营状况和实际需求，灵活选择最适合的筹资方式。

4. 投入资本的计价与各类企业资本的投入

（1）投入资本的计价

根据《企业会计准则》的指引，投入资本必须依照实际投资金额进行财务记录。具体而言，若投资者以现金形式注入资本，其入账金额应依据实际接收或已存入企业指定银行账户的数额为准。若投资涉及房屋、机械设备等实物资产，则需通过具备资产评估资质的专业机构，如会计师事务所，进行价值评估，并以该评估确认的价值作为入账依据。在此过程中，若评估值低于原账面价值，其差额部分将视为累计折旧处理；反之，若评估值高于原账面价值，则直接以评估值入账，且无需将差额计入累计折旧。对于无形资产的投资，同样需经过评估确认其价值后入账。此外，若企业通过资本公积金进行资本的扩增，其增值部分则根据实际转增的数额进行计价。

（2）各类企业资本的投入

不同企业组织形态下，资本投入方式各异。然而，无论投资者身份如何，其投入企业的资本性质及其赋予投资者的权益，均不会因资本在企业内部的形态变化而有所改变。一旦资本注入企业，它便明确了资本的属性及投资者对企业的权利关系。

5. 投入资本的管理

《企业法人登记管理条例》明确指出，企业法人的实际资本金应保持稳定，不得随意调整或撤回，除非国家另有特别规定。尽管如此，投资者所投入的资金（如股份有限公司中的股份）是允许转让的，但这一转让过程必须严格遵循相关法律法规的规定执行。

企业资本金的增减变动，必须严格遵循法律所规定的流程与要求。举例来说，若企业意图扩大其生产经营规模，那么它可以根据法定条件和流程，合法地增加资本金总额。对于有限责任公司而言，增加资本金的方式可能包括发行新股或提升现有股票的面值，但这均需获得相关批准。值得注意的是，当实收资本的变动幅度超过注册资本的 20% 时，企业必须进行相应的变更登记。另一方面，当企业出现资本过剩、生产经营规模缩减，或是遭受重大亏损等情形时，它也可能需要减少资本金。这一过程同样需要遵循法律规定，特别是对于有限责任公司而言，减少资本金不仅要通过股东大会的决议，还需向全体债权人发出通知，并在确认债权人对减资无异议后，方可修改公司章程并办理变更手续。

企业的投资者在参与企业运营过程中，既享有相应的权益也需承担一定的责任。具体而言，他们的权利体现在能够依据其实际出资比例或合同约定的条款，参与企业利润的分配；而义务则在于，当企业面临风险或亏损时，投资者需按照其注册资本的占比来共同承担这些不利后果。进一步细化来说，投资者的权利包括按照实缴资本的比例或事先的约定来分享企业的利润；同时，其义务则明确为按照各自在注册资本中所占的比例来分担企业可能遭遇的亏损。

（三）留存收益的管理

1. 留存收益的概念

　　留存收益，简而言之，是企业日常运营活动中积累下的净收益部分，它是企业经营成果的直接体现。

　　投资者向企业注入的资金，不仅期望能维持其原始投资的完整性，更追求通过企业的运营活动实现价值增值，即赚取利润。企业在获得利润后，需先扣除应缴纳的税款及其他必要支出，剩余部分即为企业的净利润。这笔净利润的处置方式多样：它可以遵循协议、合同、公司章程或相关法规，在企业所有者之间进行分配，作为他们投资回报的一部分；也可以被用于企业的再投资，以增强企业的竞争力或扩大规模；此外，出于稳健经营的考虑，企业还可能将部分净利润留存，用以弥补未来可能的亏损、作为预防性储备，或是用于特定目的，如支持企业内部的集体福利设施建设等。这些被留存的净利润，与投资者最初投入的资金在性质上是一致的，均属于企业所有者权益的范畴。

2. 留存收益的分类

　　留存收益作为所有者权益的一部分，由企业所有者掌握其分配权。但为防止企业过度分配，国家规定企业需保留一部分积累，这既有助于企业的长远发展，也保护了债权人的权益，并可能用于改善员工福利。这部分有特定用途的留存收益被称为盈余公积；而另一部分既无特定用途也未分配给所有者的净利润，则称为未分配利润。

3. 盈余公积管理

　　盈余公积是企业从已缴税的利润中按规定留存下来的累积资金。

它分为两大类：法定盈余公积金和公益金。法定盈余公积金主要用作未来年度可能亏损的弥补或增加实收资本等；而公益金则特定用于筹备企业职工的共同福利设施，设施建成后，这部分资金需转为法定盈余公积金。

法定盈余公积金是从企业税后利润中，扣除因财产损失被没收的部分、各项税收滞纳金与罚款，以及填补以往年度亏损后，按剩余部分的 10% 提取的资金。当这笔资金累积达到企业注册资本的 50% 时，便无需再行提取。这笔法定盈余公积金，企业可依法用于填补后续亏损或增加注册资本。然而，若选择将其用于增加注册资本，其总额必须保持在注册资本的 25% 以上，以确保企业的财务稳健。此外，值得注意的是，在正式提取法定盈余公积金之前，企业不得向投资者分配任何利润。

公益金是从企业税后利润中依法提留的，专门用于支持职工福利设施的建设和运营，如建设宿舍、托儿所或理发室等。职工对这些设施享有使用权，但不拥有所有权。公益金作为所有者权益的一部分，其存在并不因福利设施的建设而减少所有者权益总额，仅仅是资金用途的转换。重要的是，如果企业之前的年度亏损尚未完全弥补，那么就不能提取公益金，并且在公益金提取之前，企业也不能向投资者分配利润。

4. 未分配利润管理

未分配利润指的是尚未进行分配的净利润，包含两层意思：一是这部分利润尚未发放给企业的投资者；二是它目前没有明确的用途或指定用途。作为所有者权益的一个重要组成部分，未分配利润既可以留作未来年度的利润分配，也可以用于填补后续可能出现的经营亏损。

企业盈利后的分配主要有三个方向：首先，需缴纳给国家，主要体现为所得税；其次，分配给投资者，即利润分红；最后，则是留在企业内部作为后续运营资金。其中，上交给国家的部分是企业必须履行的社会责任，并不构成企业所有者权益的一部分。而未分配利润，即企业实际利润与已分配利润之间的差额，若因漏计或未计应交税费等导致，则不能全部视为企业所有者权益。因此，为确保所有者权益的真实反映，企业应准确并及时计算并缴纳所有应缴税费及其他款项。

第四节　财务会计收入、费用、利润管理及其创新

一、财务会计收入管理

（一）收入概述

1. 收入的特点

（1）企业的收入主要源自其常规的运营活动，而非偶尔发生的交易或特殊事件

尽管某些交易或事件可能为企业增加了经济利益，若它们不构成企业的日常业务范畴，则这部分经济利益的增加被视为利得，而非传统意义上的收入。举例来说，出售固定资产即是这样一种情况，因为固定资产原本目的是供企业长期使用而非销售。因此，将固定资产售出并非企业的日常运营活动，也不是企业的主要经营目标，所得收益不归类为收入进行会计处理。

（2）收入能够引起企业所有者权益的增加

企业的收入可以体现为多种形式：它可以是资产的增长，如现金或应收账款的增加；也可以是负债的减少，如通过商品或提供的服务来抵消债务；还可能同时包含这两方面，如销售商品时，部分款项用于抵消债务，而另一部分则直接以货币资金形式收取。基于会计恒等式"资产等于负债加所有者权益"，企业获得的收入最终都会增加其所有者权益。

（3）收入不包括为第三方或客户代收的款项

企业代第三方或客户收取的款项，如增值税销项税额、代收利息等，在财务上表现为既增加了企业的资产（如银行存款增加），也相应

增加了企业的负债（因为需代他人支付）。这类代收款项不会带来企业所有者权益的增加，它们本质上不属于企业的经济利益，因此不能算作企业的收入。

（4）收入必须与相关的费用配比

收入和费用紧密相连，因为费用是获取收入过程中产生的必要支出，而收入则是这些费用支出的直接成果。为了准确反映企业的盈利状况，必须将收入与相关的费用进行匹配，通过比较来确定当期的净收益或净损失。这样的配比过程对于收入的确认、计量、记录及报告至关重要，确保了财务信息的真实性和有用性。

2. 收入的内容

（1）主营业务收入

主营业务收入，即企业核心经营活动中获得的收入，也称基本业务收入，是企业经济收益的主要来源，占据营业收入的重要份额。不同行业的企业，其主营业务收入的具体内容各异，如工业企业的产品售卖所得、商贸企业的商品销售收入，以及建筑企业的工程款项结算等，均被归类为主营业务收入。

（2）其他业务收入

其他业务收入，指的是企业在非核心业务或附带经营活动中获得的收入，也称为附营业务收入。这类收入相较于企业的主营业务收入而言，处于次要位置。它可能包括企业出租固定资产、出租或出售包装物等非主营活动所产生的收入。

将营业收入细分为主营业务收入和其他业务收入，旨在明确企业财务会计管理的核心与辅助领域，以便企业能够分清轻重缓急，更有针对性地开展管理工作。

（二）收入的预测

预测，作为一种科学手段，旨在通过分析过去与当前的状况，来预估事物未来发展的确定性或潜在趋势。为了优化收入管理体系，企业必须将收入预测视为关键任务。鉴于销售收入构成了企业收入的主要部分，因此收入预测的核心聚焦于销售收入的预测之上。销售收入预测是一个系统性的过程，它要求企业深入调研，广泛收集相关信息与数据，随后运用特定的方法，细致剖析影响销售收入的各类因素。这一过程旨在精准预测未来一段时间内，企业各类产品的销售量及其价格变动走向。基于销售预测的结果，企业能够针对性地改进销售策略，提升销售效率，并据此制定更为合理的生产经营计划。同时，企业还能根据预测调整经营目标，力求在激烈的市场竞争中实现更高的经济效益。

1. 销售收入预测的程序

为了精准预测销售状况，企业应全面调查并分析影响销售的各类因素的变化情况，随后遵循科学流程有序地展开预测工作。

（1）明确预测的具体对象及目标，这是预测的前提。针对产品销售收入的预测，需精挑细选预测对象，集中资源设计调研方案，并规划预测流程。

（2）广泛搜集并整理相关数据与资料，这是预测工作的基石。这样可以确保数据全面覆盖影响销售收入的内外因素，通过分类整理，为后续深入分析打下坚实基础。

（3）企业需针对预测对象，采用恰当的预测方法构建数学模型，既进行定性评估也进行定量计算，以全面分析销售状况。选择方法时，应依据预测的具体对象和内容，以提升预测精度。

（4）鉴于经营活动的不确定性，预测结果难免有偏差。因此，企业应预见到多种可能的情况，并估算预测误差范围，以提高预测的准确性。

（5）预测效果评估在事后进行，企业会将预测结果与实际结果对比，分析差异原因，据此调整预测模型，为未来的预测提供更为坚实的依据。

2. 销售收入预测的方法

预测是企业制订生产经营计划的前提，其准确性直接关乎企业决策的有效性。面对瞬息万变的市场，预测人员需兼备优秀素质与丰富经验，依托海量数据，采用科学合理的预测方法，以提升预测精度。销售收入预测方法多样，常见的包括简单平均法、加权移动平均法、指数平滑法、回归分析法和百分比率递增法等。

（三）收入的日常管理

1. 认真执行销售合同，监督发出商品计划的编制和执行

（1）企业应严谨对待销售合同的签订与执行，财务部门需与销售部门紧密合作，确保合同内容的细致审核与经济责任的明确界定。

（2）根据合同需求，精心规划季度与月度发货计划，并高效组织产品的包装与运输工作。

（3）财务部门应严密监督发货计划的制定与执行过程，确保计划的有效落实。

2. 及时办理结算，尽快取得销售货款

产品发货后，财务部门应立即通过银行与买方进行款项结算，确保货款到账。若采用托收承付方式，财务部门需按时在银行规定期限内完成托收流程，获取结算贷款，并监控预计收款日期，确保买方按时支付。针对长期拖欠货款的单位，除了积极催收外，还将依据合同条款追究其经济赔偿责任，并视情况与银行协商，更换结算方式，以确保货款迅速回笼。

3. 搞好售后服务，掌握市场反馈的信息

优化售后服务，积极倾听用户声音，迅速捕捉市场动态与反馈，是企业持续成长并迈向成功的关键路径。

二、财务会计费用管理

（一）费用

1. 费用及其特征概述

费用，即企业在开展商品销售、劳务提供等日常经营活动中所支出的经济成本，涵盖了生产或劳务的直接费用及运营期间的各项开支。费用的两个基本特性可以概括如下：

（1）费用实质上是企业资源的消耗，具体表现为资金的支出，即资产的流出。与收入带来的资产增加相对，费用导致了资产的减少。

（2）费用通常会导致企业所有者权益的减少。然而，并非所有资金流出都构成费用。例如，偿还债务只是资产与负债的同时减少，不触及所有者权益，故不视为费用。同样，向投资者分配的股利或利润，虽然减少了所有者权益，但属于利润分配范畴，非经营活动成本，因此也不计入费用。

2. 费用管理的意义

费用管理旨在通过综合手段，如预测、决策、分析与考核等，有效管控企业在生产经营中的各项开支，其核心目标是削减费用，从而增强企业的经济盈利能力。

3. 费用管理的要求

（1）集中统一与分散管理相结合。

集中统一管理意味着在厂长或经理的引领下，由财务部门总揽费用管理的规划、协调与核算工作；而分散管理则鼓励各部门依据其职能，自主管理并控制相关费用。将这两种方式有机结合，能够激发各方积极性，协同高效地完成费用管理的整体任务。

（2）在费用的产生链条中，技术层面发挥着举足轻重的作用。

为有效提升费用管理水平，必须实现技术与经济管理的深度融合。费用管理并非财务部门孤立的责任，它与企业的每一个部门都息息相关，因此需要打破技术部门忽视成本、费用管理部门不参与技术决策的壁垒。降低费用，作为费用管理的核心目标，涵盖了从产品设计优化、工艺创新到材料精选等多个层面。唯有各部门携手并进，才能实现费用管理的最优化。

（3）费用管理既需要专业的知识与技能，也离不开广大职工的广泛参与。

诚然，专业的费用管理人员凭借其专业素养是不可或缺的，但仅凭他们之力难以全面驾驭费用管理的复杂性。实际上，费用管理更是一项全员参与的任务，它依赖于每位职工在日常工作中的精打细算与共同努力。只有将专业管理与职工管理的力量汇聚起来，费用管理工作才能取得更加显著的成效。

（4）追求费用最优化是费用管理的核心使命。

这要求我们在既定条件下，深入剖析影响费用削减的各类因素，设定切实可达的最低费用标准。随后，通过精细化的控制与管理策略，确保实际运营中的费用支出能够紧贴并达到这一最低目标，从而实现费用的最小化。

（5）在费用管理的广阔领域中，不少企业往往陷入了一个狭隘的视野，过分聚焦于实际费用和生产费用的核算，却忽视了费用管理体系中其他同样重要的环节。

实际上，费用管理是一个全方位、多层次的系统工程，它触及企业的每一个角落，需要所有部门和员工的共同参与和努力。任何单一部门或个体的疏忽，都可能对整体费用管理的成效造成不利影响，因此全面费用管理的理念至关重要。

（二）费用管理的内容

费用管理的内容广泛，涵盖了从预测到考核的一系列环节，具体包括费用预测、费用决策、费用计划、费用控制、费用核算、费用分析和费用考核等。

1. 费用预测

费用预测是依据相关费用数据及其他信息，运用特定程序和方法，对未来某一时期内的费用进行预估和计算。这既可以是针对单一产品的成本预测，也可以是针对企业整体费用的预测。通过费用预测，企业能够洞悉未来的费用趋势，从多个备选方案中挑选出最优解，并评估企业是否能够实现既定的费用目标，进而采取有效策略来削减费用。

2. 费用决策

费用决策基于费用预测结果，是对多个方案进行综合比较、分析和评估后，选定最优方案的过程。其质量直接影响企业未来的费用控制效果。为确保费用决策的正确性，企业需广泛考量多种方案与因素。因此，高质量的费用决策对于实现费用计划、提升企业经济效益具有不可忽视的重要作用。

3. 费用计划

费用计划是围绕既定目标，详细设定计划期内各项消耗标准、费用预算及实施策略的过程。它是费用管理的关键环节，有助于明确费用管理责任，并有效指导费用控制与削减工作。

4. 费用控制

费用控制首先涉及确立一系列费用标准，作为各项费用支出的上限，随后在生产经营活动中实时监控实际费用支出，确保其不超过预设标准。一旦发现实际费用与标准存在偏差，即进行深入分析，探究偏差产生的原因，并据此制定针对性的改进措施，旨在消除偏差，确保费用目标的达成。这一过程不仅确保了费用管理目标的实现，还通过持续有效的控制策略，推动了费用的不断降低。

5. 费用核算

费用核算是一个系统性过程，它依据特定标准将生产环节中产生的各项费用进行归类与分摊，并运用科学方法计算出针对特定对象的总费用及单位费用。作为费用管理的基石，费用核算为后续管理活动提供了必要的数据支持。在费用管理的整体框架中，费用核算占据核心地位，因为它是其他管理环节得以展开的前提。通过费用核算得出的产品总成本与单位成本，不仅是对企业费用计划执行效果的直接检验，还能揭示生产流程中的潜在问题，进而为产品定价策略的制定提供关键参考。

6. 费用分析

费用分析是一个深度剖析过程，它基于费用核算数据及其他相关信息，运用技术经济分析方法，审视实际费用的总体水平、构成细节，并计算其达成情况与差异额度，进而探究这些差异背后的原因。这一过程不仅可以帮助我们总结费用管理中的成功经验，还揭示了费用变动的内在规律，使我们能够精准定位存在的问题，并提出针对性的解决方案。通过这样的分析，我们不仅能够朝着降低费用的目标迈进，还能为未来的费用决策制定与计划编制提供宝贵的参考依据。

7. 费用考核

费用考核机制是将企业既定的费用计划与目标细化为具体的考核

指标，并分配给内部的各个责任单位或个人，确保责任明确。这一过程是内部经济责任制的关键一环，旨在激发各责任主体积极达成费用计划的热情。在实施费用考核时，企业应配套相应的奖惩措施，通过经济激励手段，推动费用水平的持续降低。

综上所述，费用管理的各个环节紧密相连，构成了一个不可分割的整体。它们相互支撑、协同作用，共同在费用管理中发挥着至关重要的作用。

（三）费用管理的政策建议

1.选择合理的投资项目

企业在运营过程中，应当首先深入审视自身的资金状况，致力于强化资金筹措能力，随后基于这一基础，精心挑选出既合理又符合企业发展战略的投资项目。在此过程中，不可或缺的是对选定项目进行详尽的可行性研究与分析，以确保投资决策的稳健性，避免盲目跟风导致的资金风险，从而牢牢守护资金的安全底线。进一步地讲，企业应紧密结合自身的经营实际，细致剖析资金流动的每一个环节，以实现对资金总量与需求量的精准把握。同时，还需运用科学方法评估当前的投资能力，并主动寻求那些能助力企业实现规模经济效益的投资机会。值得注意的是，面对市场需求的多元化，企业应保持敏锐的洞察力，避免在某一产品已出现严重过剩、市场竞争异常激烈的情况下，仍盲目投入资源进行生产，这样的做法对于资金储备有限的企业而言，无疑是冒险之举，甚至可能威胁到企业的生存根基。在市场经济的浪潮中，那些能够脱颖而出、取得显著成就的企业，往往是那些擅长捕捉市场空白、勇于创新的先锋。因此，在投资项目的选择上，一旦明确了投资方向，企业就应当借助先进的分析工具和技术手段，对投资项目的潜在效益、市场前景等进行全面深入的可行性研究及优化筛选，力求在提升资金使用效率的同时，彻底摆脱投资的盲目性，确保每一分投入都能为企业带来实实在在的回报与增长。

2.加大创新力度，提高资金利用率和生产效率

企业应强化营销管理，采取多元策略来减少库存积压，提升销售

收入，同时降低对银行借款的依赖，以削减利息支出。

（1）为了紧跟市场经济发展的步伐，企业应深化改革创新，专注于研发出更具市场竞争力的产品。

这意味着企业要增强研发强度，持续打造出迎合消费者偏好的新品，这样不仅能有效减轻库存压力，还能显著提升企业的盈利空间。这一切策略的实施，都离不开对市场需求进行精准预判与深入研究，唯有如此，企业才能不断创新产品，开辟新市场，并稳步扩大其市场份额。

（2）维持产销之间的微妙平衡是企业管理的关键。

若企业盲目生产，导致产品供应远超市场需求，库存积压便成为难以避免的问题，进而影响资金流动效率。为此，企业需运用科学方法预测市场需求，并据此制订详尽的销售规划，随后依据销售预期灵活调整生产计划。从期初到期末，都应精细管理存货，科学设定产品生产计划，确保生产与需求精准对接。

（3）为控制库存，企业需精心策划生产流程，严格控制生产周期，并确保生产设备高效稳定运行，避免生产线出现混乱。

长周期生产往往导致库存积压，因此通过优化生产安排、推行标准化作业、减少设备故障率及强化管理力度，企业能够显著缩短产品从生产到上市的时间，从而有效管理库存水平。

3. 量力举债，调整产品结构、投资结构，降低财务费用

在财务学的视角下，无论企业采用何种途径来筹措生产运营所需的资金，都不可避免地要承担一定的费用或成本。当前，企业在资金筹集方面普遍依赖于两大路径：一是通过向债权人借贷，即形成负债；二是依靠所有者的直接资本投入。这两种筹资方式，在成本负担上往往呈现出不同的特点。因此，在制定生产经营策略时，企业需审慎规划负债与所有者权益的比例，确保发展步伐稳健，避免盲目扩张带来的财务风险。

4. 加强外汇管理，采取防范措施

国际市场的复杂多变导致全球金融市场汇率剧烈波动，这对众多企业构成了显著影响。特别是一些依赖稳定汇率环境进行生产经营的

企业，更需强化外汇管理，积极采取策略以预防和应对汇率风险。以下为具体应对措施：

（1）鉴于我国在金融创新领域与发达国家尚有差距，受传统计划经济体制影响，企业管理高层及财务专业人员对现代金融工具及衍生品了解有限，且对汇率市场波动的认知不足，常忽视潜在风险。因此，强化企业汇率风险防范意识，提升管理层及财务团队对金融市场的敏锐度，显得尤为迫切与重要。

（2）为了有效应对汇率风险这一技术性强、影响深远的挑战，企业可借助银行的专业服务，委托其合理运用金融工具，以科学手段提升风险防范能力。银行作为金融领域的专家，能够为企业提供定制化的汇率风险管理方案，助力企业稳健前行。

（3）企业应当重视外汇专业人才的储备与培养工作，这是提升金融衍生品运用能力、降低汇率风险波动影响的关键。通过不断充实外汇人才队伍，企业能够更有效地利用银行金融服务，将汇率风险降至可控范围内，从而确保汇兑损失不再成为财务费用的不可预测负担，更好地支撑企业各项业务的持续健康发展。

三、财务会计利润管理

利润反映了企业在特定时间段内的经营成效，即收入与费用之差，涵盖从日常运营到总利润再到净收益的各层次。若企业收入未能覆盖费用，则产生的负值即视为亏损。企业利润管理的核心在于增强盈利能力，提升利润水平。这包括两大部分：一是利润创造的管理，关键在于优化收入与费用结构；二是利润分配的规划，涉及股利政策制定、支付方式及流程选择等。

（一）利润的意义

在企业的经营管理中，特别是财务会计领域，利润占据着举足轻重的地位，其重要性可从以下几个核心方面得以体现。

1. 利润是实现企业财务会计管理目标的基础

企业财务管理的核心追求在于实现企业价值的最大化，这实质上是对企业利润与风险管理之间最优平衡点的追求。只有当企业能够达成可观的利润目标时，其财务管理的主要使命才算得以完成，进而确保了企业债权人及股东权益的稳固。企业在权衡风险因素、兼顾长远发展利益的基础上获取的利润越丰厚，不仅揭示了企业在生产经营过程中资源消耗的有效控制及产品成本的降低，还彰显了其产品市场的契合度、品质的卓越及产销规模的扩大。因此，利润指标作为一面镜子，清晰映照出企业的经营效率与业绩成果，是评估企业经济效益不可或缺的关键标尺。

2. 利润是企业对社会做出贡献的来源

企业的核心使命之一在于向社会提供高质量的产品与卓越的服务，以满足公众的期待。这一过程中，企业不可避免地会投入人力、物力及财力资源，从而产生了相应的成本与费用。利润，则是社会对企业所支付的价值超过其资源消耗部分的一种认可与回馈，它象征着社会对企业辛勤劳动与贡献的肯定与奖励。

企业在获得利润后，首要责任是依法向国家缴纳税款，即遵循税法规定，按时且足额地缴纳各项税费，以此支持国家建设与社会发展。同时，企业还能通过参与各类公益赞助活动，直接贡献于社会公益事业，进一步推动社会的整体进步。因此，企业唯有不断追求更高的利润，方能拥有更强大的能力，为社会做出更为显著的贡献。

3. 利润是企业发展的重要资金保障

虽然通过削减成本和费用开支能够提升企业利润，但这种节约措施存在其局限性。相比之下，通过多元化经营策略增加企业的营业收入，进而提升利润，则具有更为广阔的空间。深入挖掘企业内部潜力，优化资源配置，使现有资源发挥最大效用，是增加营业收入的有效途径之一。同时，追加投资也是扩大企业规模、增加收入的重要手段。特别是利用企业自身的留存利润进行再投资，不仅能扩大生产经营规模，带来更为丰厚的利润回报，还能增强企业的财务稳健性。综上所述，利润不仅是企业经济状况的晴雨表，更是推动企业持续发展的重要资金基石。

4. 利润是企业分配的基础

股东投资企业的核心目标是追求投资收益。企业在缴纳所得税后，

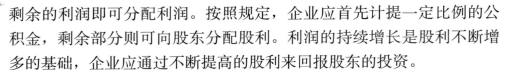

剩余的利润即可分配利润。按照规定，企业应首先计提一定比例的公积金，剩余部分则可向股东分配股利。利润的持续增长是股利不断增多的基础，企业应通过不断提高的股利来回报股东的投资。

5. 利润是投资、信贷决策的重要依据

投资的核心诉求在于追求收益，而债权人尤为重视资金借出的安全。这两者共同指向了一个关键要求：企业必须展现出强劲的盈利能力。而利润额，正是衡量这一能力高低的重要标尺。

6. 利润是改善职工生活福利的必要条件

企业利润的增长将带动职工物质与精神生活的双重提升。利润越丰厚，对改善职工生活福利的促进作用就越显著。

（二）利润的内容

1. 营业利润

营业利润，又称销售利润，是衡量企业日常生产经营活动成效的关键指标，直接体现了管理者的经营能力和业绩。

2. 利润总额

利润总额，通常指会计利润或税前利润，全面反映了企业在特定时期内的财务总绩效，涵盖了经营与非经营活动的成果。其中，营业外收支具有偶发性和独立性，与日常经营无直接关联，多为意外所得或支出，且各项之间缺乏直接对应关系。

3. 净利润

净利润，即税后利润，是利润总额扣除企业所得税后的剩余部分。企业所得税是针对企业盈利部分的税收。净利润作为核心经济指标，对投资者而言，是评估投资回报率的关键；对管理者而言，则是制定经营策略与决策的依据。同时，净利润也是衡量企业盈利能力、管理成效及偿债能力的核心工具，综合反映了企业的多方面状况。

（三）目标利润管理的要求、程序与方法

目标利润是企业在特定时间段内设定的期望达到的盈利目标。

目标利润管理则是将目标管理的原则和策略应用于利润管理实践中。这一过程涉及设定明确的目标利润，并将其细化为具体任务，层层分解至各部门和个人，以确保整个组织共同努力实现既定的利润目标。

1.制定目标利润的基本要求

（1）目标的合理性

制定目标利润，并非简单反映企业当前状况，而是应前瞻性地考虑企业的长期发展与可持续经营。因此，该目标应具备激励性质，鼓励企业超越现状。在制定时，企业应基于过往利润成就，深入挖掘潜力增长点；同时，要全面评估达成目标可能面临的风险，确保目标既具挑战性又切实可行，留有调整空间以应对不确定性。

（2）环境适应性原则

在制定目标利润时，需全面审视企业内外环境，确保资源有效配置，内外关系和谐。企业需不断优化内部环境以更好地适应外部环境变化，如扩大经营规模、提升产品品质与多样性时，需兼顾外部资源限制与市场需求导向。

（3）指标全面性与协调性

企业在构建目标体系时，应覆盖所有影响效益与成长的关键因素。利润作为复杂因素交织的产物，依赖于各环节与部门间的紧密合作。因此，各项具体目标需紧密支撑总目标，彼此间也要协调一致，为稳固实现目标利润奠定坚实基础。

2.目标利润的规划程序

（1）首先，要回顾上期利润计划的达成情况，识别影响利润变动的主要因素。其次，结合市场调研与销售预测，深入分析各类因素如何影响未来的目标利润，明确其影响方向与程度。

（2）在利润预测及历史增长数据的基础上，结合当前实际情况，企业可初步设定一个利润目标。

（3）通过全面评估与平衡各种外部环境变化及内部影响因素，对初步设定的利润目标进行细致调整，最终确定一个既合理又具挑战性的目标利润。

3. 制定目标利润的方法

（1）量本利预测法

通过分析商品销量、固定与变动成本及利润间的关联规律，预测目标利润的方法。

（2）逆向推算法

基于企业自身发展需求（如提升福利、增加分红），从税后利润出发，反向推算出应达成的目标利润。

（3）比率预测法

依据利润与财务指标间的比率关系（如销售利润率、资金利润率等），结合稳定的销售预测，来预测未来利润的方法。

（4）综合因素分析法

在基期利润基础上，全面考虑未来产品销量、价格、成本等多因素变动，综合计算得出目标利润。

（5）增长趋势预测法

基于历史利润增长数据，结合当前及预测期的变化趋势，确定增长率，从而推算出目标利润。

（6）经营杠杆效应预测法

利用经营杠杆系数与销售额变动之间的关系，在基期息税前利润基础上，预测未来利润水平的方法。

目标利润规划的首要步骤是进行目标利润的预测。随后，企业高层需进一步审视多重相关因素，涵盖企业面临的外部环境、既定的长期发展战略及内部资源与能力状况。在全面考量风险与收益的平衡后，他们将确定企业未来一段时期内的具体目标利润。同时，为了保障这一目标的顺利达成，企业还需根据未来可能发生的各种因素变动，灵活调整并明确目标收入与目标成本，从而构建起实现目标利润的坚实基石。

第四章　管理视角下财务会计信息化及其创新

第一节　会计信息化的相关概念及内容

一、会计信息化的内涵及特征

（一）会计信息化的内涵

"会计信息化"简而言之，就是将会计数据转化为管理上的宝贵信息资源，通过先进的计算机技术、网络通信等信息技术手段，实现这些信息的有效收集、处理、传递和应用，以支持企业日常运营、决策制定及经济活动的实时监控与高效管理。作为信息时代的必然产物，它预示着会计领域未来的发展趋势。会计信息化不仅限于技术层面的融合，即将 IT 技术融入传统会计工作中以提升核算与财务处理的效率，更涵盖了会计理论、实践、教育及管理等多个层面的全面信息化转型，体现了会计行业向更加智能化、集成化方向迈进的深刻变革。

（二）会计信息化的特征

1.普遍性

会计的各个层面，如理论、实务操作、管理及教育等，都应广泛采用现代信息技术。当前，会计实务、管理及教育方面已初步实现技术应用，虽起步较晚但发展迅速且成效显著，不过仍未达到真正的会计信息化标准。相比之下，会计理论方面的进展较为迟缓，现有会计信息化多基于传统理论框架，既未对传统会计理论体系进行革新，也未建立起与现代信息技术相匹配的新体系。为满足会计信息化的全面需求，当务之急是推动现代信息技术在这些领域的深度融合，并构建一套完整的应用体系，覆盖会计理论的革新、实务操作的优化、管理的智能化及教育的现代化。

2. 集成性

会计信息化正引领着对传统会计架构与业务流程的深刻变革，旨在支撑"虚拟企业""数据银行"等前沿组织形态与管理模式的崛起。这一转型的核心驱动力与最终归宿，均聚焦于信息的全面集成化。信息集成策略涵盖三个维度：首要维度是会计领域内的信息融合，旨在打通财务会计与管理会计之间的壁垒，调和信息真实性与相关性之间的张力，促进两者信息的无缝对接；其次，聚焦于企业内部，推动财务与业务流程的深度融合，实现财务信息与业务数据的紧密交织，形成你中有我、我中有你的共生状态，确保信息的流畅传递与高效利用；最后，构建企业与外部利益相关者（如客户、供应商、银行、税务、财政、审计机构等）之间的信息网络，实现内外信息系统的全面对接与集成，打造开放共享的信息生态。信息集成的深远影响在于促进了信息的无障碍共享。企业内外所有相关的原始数据，仅需一次录入，即可在授权范围内实现多次、多场景下的复用，不仅大幅减轻了数据录入的负担，还确保了数据的一致性与共享性，提升了数据资产的价值。基于此，21 世纪的会计信息系统，在会计信息化的坚实基础上，已进化为与企业内外信息系统深度融合的高度数字化平台，展现出多元化、实时化、个性化与动态化的鲜明特征，其强大的适应性与灵活性为企业的持续发展与创新提供了坚实的支撑。

3. 动态性

动态性，亦称之为实时性或同步性，在会计信息化领域中具有显著体现。具体而言，其动态性在时间维度上展现为以下几个方面：首先，会计数据的收集过程是动态的且即时的。不论是源自企业外部的交易数据（如发票、客户订单）还是内部运营中产生的数据（如仓库入库单、生产产量记录），无论这些数据的覆盖范围是局限于企业内部还是跨越广泛地域，一旦产生，便会立即被捕捉并存储于专用服务器中，随后迅速传输至会计信息系统，等待进一步处理。其次，会计数据的处理同样实现了实时化。在会计信息化的框架下，一旦数据被输入系统，系统将立即激活相应的处理流程，对数据进行分类整理、数值计算、汇总统计、更新记录及深度分析等一系列自动化操作，确保会计信息能够紧跟企业实际运营的步伐，实时且准确地反映企业的财务状况和经营绩效。最终，这种数据采集与处理的实时性、动态性，进一步推动了会计信息发布、传输和利用的即时性。信息使用者因此能够迅速获取到最新的财务数据，为他们及时做出科学、合理的管理决策提供有力支持。

4. 渐进性

现代信息技术的引入对会计模式的重塑起到了积极推动作用，但这一过程是逐步深入的，可划分为三个关键阶段。第一阶段，信息技术初步融入传统会计模式，重点在于构建核算型会计信息系统，实现会计核算的数字化与自动化。第二阶段，现代信息技术与传统会计模式开始深度融合，传统会计为适应技术变革，在理论与方法上进行了适度调整，同时技术应用的范围也从单一的计算机扩展到网络，应用领域也从基础核算拓展至管理层面，促进了会计管理的信息化。第三阶段，现代信息技术成为主导力量，彻底改造传统会计模式，构建起现代会计信息系统，该系统不仅涵盖了会计核算与管理的全面信息化，还融入了决策支持功能，实现了会计工作的全方位信息化升级。

二、我国会计信息化的发展

（一）自行研发与自行应用阶段（20 世纪 70 年代至 1987 年）

这一历史阶段可追溯至 20 世纪 70 年代，彼时，多数企业及事业单位仍普遍采用手工方式记录账目，然而已有个别企业，如长春第一汽车制造厂（简称"一汽"）率先踏上了自主开发与应用会计软件的探索之路，并在其内部逐步推广开来。特别值得一提的是，1979 年，"一汽"率先开展了电子计算机在会计领域的试点应用，标志着会计操作方式的一次重要尝试。随后，在 1981 年 8 月，得益于财政部与中国会计学会的鼎力支持，"一汽"携手中国人民大学在长春共同举办了"财务、会计、成本领域电子计算机应用专题研讨会"。会上，一个具有划时代意义的概念——"会计电算化"被首次明确提出。不过，受限于当时既精通会计又掌握计算机技术人才稀缺、计算机硬件成本高昂、软件本地化程度不足，以及各单位间缺乏统一的规划与指导，这一阶段的会计电算化发展呈现出分散化、各自为政的特点。

（二）商品化会计软件大发展阶段（1988—1997 年）

1988 年起，我国涌现出多家商品化会计软件公司，如北京用友、上海力成应用软件研究所等相继成立，标志着会计软件市场的兴起。随后，在政府的积极推动下，金蝶、金蜘蛛、浪潮等众多软件公司纷纷创立，极大地促进了会计电算化的普及与发展。为加强行业管理，财政部于 1989 年 12 月发布了《会计核算软件管理的几项规定》，明确了财政部门对商品化软件的监管职责。至 1994 年 5 月，财政部又发布了《关于大力发展我国会计电算化事业的意见》，并配套出台了一系列规章制度，包括《会计电算化管理办法》《商品化会计核算软件评审规则》《会计核算软件基本功能规范》《会计电算化工作规范》等，为会计电算化的规范化运作提供了坚实的制度保障。

（三）会计信息化和企业管理信息化融合阶段（1998—2007 年）

在这一时期，众多软件开发商在成功推出商品化的核算型会计软件后，进一步研发了管理型会计软件，实现了财务系统与供应链管理的无缝对接与集成。1998 年 6 月，中国软件行业协会财务及企业管理软件分会携手用友、金蝶、通软、易安、新中大等八家领军企业，共同举办了一场盛大的发布会，正式宣布了"全面进军财务及企业管理软件市场"的战略举措。紧接着，于 1999 年 4 月在深圳召开的"首届会计信息化理论专家研讨会"上，"会计信息化"这一创新概念首次被提出，标志着我国会计领域正式拉开了信息化建设的序幕。而到了 2006 年 5 月，中共中央办公厅与国务院办公厅联合发布了《2006—2020 年国家信息化发展战略》，该战略不仅明确设定了我国向信息社会转型的宏伟蓝图，更被视为我国会计信息化发展历程中的一个重要里程碑。

（四）会计信息化向标准化和国际化发展阶段（2008 年至今）

2008 年 11 月，中国会计信息化委员会及 XBRL（可扩展商业报告语言）中国组织正式成立。XBRL 作为一种专为满足多领域会计信息需求而设计的标准化计算机语言，在促进商业与会计数据电子化交流方面展现出巨大潜力，是当前国际会计信息处理的尖端技术。该组织在我国积极推广 XBRL 的应用，为会计信息化进程提供了有力支持。2009 年 4 月，财政部发布了《关于加速推进我国会计信息化工作的指导意见》，明确了我国会计信息化未来发展的宏伟愿景，为全面推动该领域工作设立了新的目标导向。

三、会计信息化工作的组织

（一）系统运行前的筹备阶段

1. 建立会计信息化组织策划机构

会计信息化工作广泛覆盖企业内部，需整合人力、物力、财力等资源，故需单位最高领导直接主导。首要任务是设立会计信息化组织策划机构，其职责涵盖规划信息化蓝图、构建信息系统、制定管理制度、组织员工培训及确保系统顺利运行等关键环节。

2. 制定单位会计信息化总体规划

会计信息化总体规划旨在明确单位在未来一段时间内会计信息化工作应达成的目标，并精心策划如何分阶段、高效且合理地实现这些目标。这一规划是确保会计信息系统建设成功与否的核心要素。

制定总体规划时，需紧密契合企业的整体信息化战略愿景。首要步骤是开展深入的咨询与分析工作，广泛征求包括业界同行、会计软件供应商、销售渠道及专业咨询机构的意见。随后，结合企业自身实际状况，清晰界定所需会计信息系统的特性、当前可提供的支持条件，以及系统建设的分阶段实施计划，明确每一阶段的细化目标。通过这样的细致规划，确保会计信息系统的部署与推广能够有条不紊、顺畅高效地推进。

3. 配置系统硬件、软件资源

会计信息系统的硬件配置应当具备几个关键特性：高可靠性以确保系统稳定运行，快速运算与传输能力以应对高效数据处理需求，大容量存储空间以容纳日益增长的数据量，以及强大的实用性，满足多样化的业务操作要求。各组织单位应基于其长远发展目标、财务能力和管理具体需求，量身定制计算机硬件设备的采购计划，明确硬件的规格档次、网络架构设计及外部设备的配置细节。

在软件方面，会计信息系统离不开操作系统软件、数据库软件、专业的会计软件及一系列辅助工具软件的支撑。操作系统和数据库软件通常通过购买方式获得，选择时需兼顾与会计软件的兼容性及硬件配置的适配性。至于会计软件的配备，主要有三种途径：直接购买市场上成熟的通用会计软件、根据特定需求定制开发、将通用软件与定制开发相结合。

4. 建立会计信息化管理制度

为了确保会计信息化工作的顺畅推进，必须依托一套完善的会计信息化管理制度作为坚实后盾。这套管理制度涵盖了多个关键方面，包括但不限于会计信息化岗位责任制的明确划分，以确保每位员工清晰知晓自身职责；计算机硬件、软件及数据管理制度的建立，以保障技术基础设施的稳定运行与数据安全；会计信息化操作管理制度的制定，以规范操作流程，提升工作效率；会计信息化档案管理制度的实施，以确保会计信息的完整保存与便捷检索。

5. 培训和配备各岗位人员

会计信息系统的有效运行与管理依赖于一支由多领域专业人才组

成且层次分明的团队。因此，各单位应当基于系统设定的目标及当前人员构成情况，精心规划并实施专业人员的培训与发展计划，同时合理安排人员配置，确保人员队伍的建设与系统的建设步伐相协调。

6. 准备初始化所需会计数据

在系统初始化启动之前，首要任务是收集、整理并严格审核那些即将录入计算机系统的所有数据。这涉及对手工单据、凭证、卡片、账簿、报表等资料的全面梳理与核对，确保其准确无误。同时，还需对会计科目体系、凭证类型、账簿及报表的格式与内容进行调整与优化，以更好地适应会计信息化工作的需求特点。此外，还需规范相关的会计核算方法，以及凭证、账簿、报表的生成、流转及处理流程，确保整个系统操作的有序与高效。

（二）系统运行阶段

1. 系统初始化设置

系统运行的起点是初始化工作，这包括建立账户的基本设置和录入基础数据，即把整理好的会计资料输入电脑中。初始化设置涵盖了人员岗位权限分配、会计核算基础档案的建立、期初余额的输入，以及会计核算方法的选择等关键环节。这一过程构成了会计信息化体系的坚实基础。

2. 会计软件的试运行

在会计信息系统全面启用之前，必须经历一段与手工操作并行的试运行期，这段时期旨在验证系统是否达成预设目标，同时评估其合法性、安全性及可靠性，我们称之为"试运行阶段"。根据《会计电算化管理办法》的相关规定，这一试运行过程应至少持续 3 个月以上。在此期间，传统的手工核算方式仍需维持，同时，当月的会计核算数据需被输入计算机系统中，利用系统完成相关的会计业务处理，并生成总账、明细账、财务报表及核算过程中的各类中间结果。随后，需将计算机输出的数据与手工账表记录进行详尽比对分析，以识别任何差异并查明原因，进而进行必要的调整与修正。

3. 系统正式投入运行

试运行顺利且满足相关会计管理规范后，会计信息系统即可转为正式运行。在此期间，单位会计信息化管理部门需全面加强系统安全管理和维护工作，确保岗位责任制及操作管理制度得到有效执行，并优化数据综合利用及电子档案管理流程。

4. 会计信息系统的发展与完善

随着计算机技术的日新月异，会计核算与管理方式亦在持续演进。单位会计信息化管理部门需紧密关注当前会计信息系统中的不足之处，并基于单位经营管理与业务发展的实际需求，不断提出系统优化与完善的建议，以确保会计信息系统能够更好地服务于单位的会计核算、管理、分析及决策工作。

第二节　人工智能对会计信息化的影响

一、人工智能研究领域及应用需求

（一）人工智能概述

随着计算机技术的飞速进步与广泛应用，人们开始思考计算机是否具备执行人类智能活动的能力。长期以来，计算机常被视作高效、精准的数字运算工具。然而，在现代社会，计算机面临的挑战远不止于数值计算，如语言处理、图形声音识别、决策管理等均非数值任务，特别是医疗诊断等需要专业知识与经验的领域。这促使计算机从单纯的"数据处理"向更高级的"知识处理"迈进。计算机能力范畴的这一转变，正是推动"人工智能"迅猛发展的关键驱动力。

人工智能，简称 AI，其定义在学术界有着多种解读。斯坦福大学 AI 研究中心的尼尔逊教授将其阐述为："人工智能是围绕知识展开的学科，它探索如何表达知识、获取知识以及运用这些知识。"而麻省理工学院的温斯顿教授则提出："人工智能的核心在于探索如何让计算机执行那些传统上仅人类能够胜任的智能任务。"这些观点共同揭示了人工智能学科的核心精髓与研究方向：它旨在揭示人类智能活动的内在规律，构建具备一定程度智能的人造系统；同时，它也研究怎样通过计算机软硬件技术，模拟并实现人类的某些智能行为，从而完成那些曾需人类智慧参与的工作。简而言之，人工智能是一门探索并应用计算机技术来模拟人类智能行为的基本理论、方法和技术的学科。

人工智能研究的核心愿景在于赋予机器执行那些传统上依赖人类智慧方能驾驭的复杂任务之能力。然而，对于"复杂工作"的界定，却随着时代的更迭与人们认知的深化而不断演变。昔日，繁重的科学计算与工程设计曾被视为人类智慧的专属领地，而今，电子计算机不仅轻松接管了这些任务，更以超乎人脑的速度与精度完成了它们，使得此类计算不再被视为衡量智能的标尺。这一转变深刻揭示了复杂工作的范畴是随着科技进步与时代潮流的涌动而动态调整的，人工智能的研究目标亦随之不断进化。人工智能作为一门科学，其发展历程是不断突破自我、追求卓越的生动写照。它一方面在既有领域持续深耕，取得了一系列令人瞩目的成就；另一方面，又勇于探索未知，将目光投向更为深远、更具挑战性的新领域。这一进程与计算机科学的蓬勃发展紧密相连，同时也广泛吸纳了信息论、控制论、自动化、仿生学、生物学、心理学、数理逻辑、语言学、医学及哲学等多学科的营养，形成了跨学科融合的鲜明特色。鉴于其在过去三十年间取得的飞速进步，以及在众多学科领域的广泛应用与显著贡献，人工智能已被公认为 21 世纪最具前瞻性的三大尖端技术之一，与基因工程、纳米科学并驾齐驱。它不仅在理论上构建了完整而系统的知识框架，更在实践中展现出了强大的生命力和广泛的应用前景。

人工智能，这一学科致力于探索如何利用计算机来模拟人类复杂的思维流程与智能表现，诸如学习、推理、思考及规划等能力。其核心在于揭示计算机实现智能的深层机制，并致力于构建能够模拟人脑智能的计算机系统，进而推动计算机技术在更高层次上的应用。人工智能与思维科学之间存在着紧密的实践与理论联系，其中人工智能作为思维科学在技术应用层面的一个分支，不断将理论转化为实践成果。从思维的广阔视角审视，人工智能的发展不应局限于逻辑思维的模拟，而应同时关注形象思维与灵感思维的融入，这样的多元化思维视角有望为人工智能带来突破性的进展。数学，作为众多学科坚实的基石，其影响力已延伸至语言与思维领域。同样，人工智能学科的发展也离不开数学工具的辅助。数学不仅在标准逻辑、模糊数学等传统领域发挥关键作用，还深入渗透至人工智能领域，两者相辅相成，共同推动着彼此更加迅速的发展。

经过长时间的实践与反思，人类逐渐认识到智能的核心在于学习并掌握知识，进而运用这些知识去理解和解决问题。为了使计算机具备类似人类的"智慧"，首要任务是解决计算机如何自主学习知识，并有效运用这些知识的问题。单纯探索一般事物的思维规律，难以触及更高层次的智能挑战。因此，人工智能的研究紧密围绕知识这一核心展开，旨在让计算机不仅能够执行基础的数值计算与信息处理任务，更能运用知识解决复杂问题，模拟人类的某些智能行为。基于这一宏伟目标，我们结合当前计算机技术的特点，深入研究实现智能所需的理论框架、技术手段与实现方法，力求构建出高效运行的智能系统。这些努力已经催生出了一系列智能系统的雏形，如专家系统、机器翻译系统、模式识别系统及机器学习系统等。

（二）人工智能的研究领域

目前，人工智能的研究是与其特定的应用领域紧密相连、相辅相成的，涵盖了多个关键领域。

1. 专家系统

专家系统是一种基于人类专家既有知识构建而成的智能系统，它在人工智能领域的发展中起步较早，且至今保持着高度的活跃性和显著的成果，其应用范围广泛，涵盖了医疗诊断、地质勘探、石油化工、军事战略、文化教育等多个领域。该系统以深厚的专业知识和丰富经验为基石，通过知识匹配与搜索机制，结合人工智能技术，依据领域内一位或多位专家的独特见解与实战经验，构建起强大的知识库。在此基础上，系统能够模拟人类专家的思维模式，对实际问题进行逻辑推理与判断，从而有效应对并解决特定领域的复杂难题。专家系统的成功实践，深刻揭示了知识作为智能基石的重要地位，强调了人工智能研究应紧密围绕知识这一核心展开。随着知识表示、利用及获取技术的不断突破，人工智能领域在理论与技术层面均取得了显著进展，解决了诸多关键难题。

2. 机器学习

赋予计算机以知识，通常可采取两种策略：一种策略是通过知识工程师的介入，他们将各领域的知识进行系统化整理，并转化为计算机能够识别与处理的格式，进而输入计算机中；另一种策略则是让计算机自身具备获取知识的能力，即它能够通过学习来吸收人类已有的知识，并在实际应用中持续积累经验、优化完善，这一过程即机器学习。机器学习研究的核心聚焦于三大方面：首先，探索人类学习的内在机制及人脑进行思维活动的具体过程；其次，研究并开发高效的机器学习算法与方法；最后，构建针对特定任务需求的学习系统，以实现知识的有效获取与应用。

3. 模式识别

模式识别旨在赋予机器感知能力，特别聚焦于视觉与听觉模式的辨识，如识别物体、地形、图像乃至特定字体（如签名）。这一领域在日常生活与军事上均展现出广泛的应用潜力。随着技术进步，模糊数学与人工神经网络等新型模式识别方法迅速崛起，逐步取代了传统的统计与结构模式识别方法，其中神经网络在模式识别领域取得了尤为显著的进展。

4. 问题求解和智能信息检索

人工智能技术赋予了计算机将复杂难题拆解为多个较为简单、易于处理的子任务的能力，这一过程催生了搜索与问题归纳等关键技术，成为人工智能领域的基础。人工智能程序不仅具备解决问题的能力，还能智能地规划其解题路径，即在解题空间内进行高效搜索，以寻找最优或次优的解决方案。鉴于信息技术的飞速发展，如何高效获取并精炼信息已成为当前计算机科学与技术领域亟待解决的重大课题。将这一课题的研究成果应用于人工智能领域，无疑为人工智能技术的广泛实际应用开辟了新的机遇与路径，成为推动其深入发展的关键突破口。

5. 智能决策支持系统

决策支持系统根植于管理科学，与"知识—智能"紧密相连。自20世纪80年代起，专家系统的广泛应用推动了人工智能与知识处理技术在决策支持系统中的应用，从而拓宽了其应用领域，并显著增强了系统解决问题的能力，进而演化为智能决策支持系统。

6. 人工神经网络

人工神经网络，这一学科深受人脑运作机制的启发，旨在通过构建大量处理单元（如模拟神经元、处理及电子元件）来模拟人脑神经系统的复杂结构与功能运作。在这一网络中，信息的传递与处理依赖于神经元间的精密互动，而知识与信息的存储则以一种分布式的方式，体现在网络元件间错综复杂的物理连接之中。网络的学习与识别能力，则依赖于神经元间连接权重的动态调整与优化过程。经过多年的深入研究，人工神经网络已发展成为一门独具特色的信息处理学科，尽管当前的研究仍主要聚焦于较为简单的模型构建，但要实现完整理论与技术体系的建立，仍需科研工作者们的不懈努力与深入探索。无疑，人工神经网络已成为人工智能领域内一个至关重要且充满活力的研究方向。

（三）人工智能的应用需求

自20世纪80年代计算机网络兴起以来，计算机技术特别是人工智能的普及深刻改变了人与机器之间的交互方式。美、日等国的未来学家预见，人机互动正加速从"人为主导"的传统模式迈向"机器为核心"的新阶段。这一转变预示着社会生产、生活方式将迎来巨大变革，并对人工智能及信息技术领域提出了全新的挑战与机遇，促使人工智能不断适应并满足日益增长的应用需求。

人工智能首要任务是构建强大的技术支撑体系，以促进分布式协同工作的顺畅进行。在当今高度社会化的生产环境中，跨专业的团队成员分散于不同时空，共同推进同一任务下的多元子任务。这要求计算机系统不仅需为每项子任务提供必要辅助，更要能灵活协调子任务间的互动。鉴于子任务的独立性与动态变化特性，其间的协调变得尤为复杂且难以预测，这对人工智能、信息技术乃至基础理论均构成了严峻考验。

其次，网络化的加速发展促进了信息化进程，将原本分散的数据库联结成统一的、互联的信息网络，构建了一个共享的信息环境。尽管当前的浏览器与搜索引擎为用户搜索网络信息提供了一定便利，但其能力尚显不足，导致"信息过载"与"信息迷失"现象愈发普遍。因此，开发更高效的智能信息服务工具成为用户的迫切需求。同时，信息空间的价值不仅体现在单一的信息点上，更在于海量信息背后隐藏的普遍规律与知识，如行业趋势等。这促使数据中的知识挖掘成为当前亟须深入研究的重要课题。

二、会计信息化中人工智能的应用与深度开发

（一）会计信息化中人工智能的具体应用

人工智能的适用范围极为广泛，那么，它在财务与会计领域是否也能大展拳脚呢？答案无疑是肯定的。实际上，财务与会计领域的诸多难题，如财务会计处理、审计、税务筹划、管理会计实践及职业教育等，都极其适合借助人工智能的力量来寻求解决方案。

专家系统，作为人工智能领域内研究与应用最为深入的分支之一，其核心在于模拟特定领域内专家的专业知识、推理逻辑及解决复杂非量化问题的能力，从而构建一个达到专家级水平的信息处理系统。将专家系统融入会计信息系统之中，构建出相应的计算机辅助平台，不仅能够推动财务会计管理与决策过程的智能化升级，更是实现会计信息系统由传统的核算功能向经营管理及决策支持功能转型的关键路径。

回溯历史，自20世纪60年代专家系统兴起以来，美国等西方发达国家便迅速将其引入财务会计领域，并开发了一系列高效实用的专家系统，以应对财务会计管理与决策中的复杂挑战，极大地拓宽了专家系统在财务与会计领域的应用边界并提升了其应用效能。相比之下，我国当前的会计信息系统主要仍处于管理型会计的发展阶段，距离实

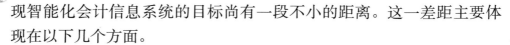

现智能化会计信息系统的目标尚有一段不小的距离。这一差距主要体现在以下几个方面。

1. 会计信息核算系统仍是手工会计系统的仿真

当前，会计电算化的主流模式仍侧重于模仿手工流程的机械化重复，这种处理方式在会计信息生成过程中，除了需要依赖外部输入的原始凭证外，还能高度模拟手工会计系统的诸多环节。从根本上讲，这种电算化系统的构建并未脱离手工会计系统的核心本质，其本质上的变革仅在于利用计算机技术替代了传统的纸张、笔墨和算盘等工具。简而言之，它是将古老的会计理念与现代计算机技术相结合，将中世纪的会计思维映射到了现代的计算机屏幕上，使得计算机仅仅成为一个执行手工会计任务的辅助工具。然而，这种转变并未能有效消除手工会计信息系统中固有的主观判断等缺陷，也未能充分发挥计算机在信息处理方面的独特优势。

2. 会计信息系统的决策支持功能不强

传统会计信息系统在辅助决策方面存在显著不足，它过于依赖决策者的个人经验和直觉，而未能充分利用现代信息技术的力量，为企业管理层提供强有力的数据支撑。随着企业外部环境的快速变迁和市场竞争的日益激烈，企业财务与会计领域所面临的决策挑战愈发艰巨，对决策质量的要求也水涨船高。传统的经验式决策模式已难以适应这种复杂多变的管理需求。

鉴于此，我们必须加大研发力度，积极探索并将先进的技术和方法引入会计信息系统中，加速推动高性能、高层次会计信息系统的发展。只有这样，才能跟上我国会计信息化发展的步伐，确保会计信息系统在企业管理信息化的整体框架中占据核心地位，发挥其应有的关键作用。

（二）会计信息化中人工智能的深度开发

会计信息化，是计算机技术为核心的现代信息技术与古老会计学科的深度融合产物。这一结合不仅为会计领域注入了前所未有的活力，更以其强大的技术功能推动了会计行业的飞速发展。回顾会计电算化的初期，会计信息系统的构建往往局限于满足传统会计的基本目标，而今看来，这样的视野显然已不够宽广。随着市场经济的蓬勃发展，全球经济一体化的加速推进，以及知识经济的迅猛崛起，技术资产的重要性日益凸显。同时，计算机网络信息处理技术与经济活动的深度融合，正深刻改变着企业的经营形态、组织结构、投融资渠道及资产构成。这些变化无一不呼唤着会计领域能够以更加科学的方法处理信息，以更加全面的视角反映经济实质，从而提供更加丰富、精准的会计信息以满足各方需求。因此，在会计信息化的发展道路上，企业应积极拥抱人工智能技术与网络技术的最新成果，将会计信息处理与这些先进技术深度融合，推动会计信息系统的智能化升级。

在会计信息化的新背景下，会计信息系统应当是一个高度集成的应用体系，它巧妙融合了人力、电子计算机系统、网络架构、数据资源及程序逻辑等多个要素。这一系统不仅具备用户友好的交互界面，还涵盖了基础的会计核算体系，更进阶地融入了会计决策支持模块，旨在应对那些非标准化的、偶发性的复杂问题。这些非程序化问题往往源自实际工作中的突发状况，其解决方案仍需依赖于人类的智慧与判断，而会计信息系统则扮演了辅助决策的角色，而非直接替代人的决策过程。然而，展望未来，随着会计信息系统能够汇聚并处理的海量数据日益增多，这些数据将被转化为对决策极具价值的信息。在这样的信息优势下，人们将能够基于更全面的视角，做出更加明智、精准的决策。因此，未来的会计信息系统将不再局限于简单模拟手工操作的"自动化"工具，而是进化为人机协作、相互启发的"智能化"平台。这意味着，智能型会计信息系统的研发将成为推动会计信息化进程的关键目标。

三、人工智能对会计信息化及会计行业的影响

人工智能在推动会计信息化进程及整个会计行业的变革中，主要展现了其积极而正面的影响力，这既优化了会计工作的执行效率，也促进了会计人员综合能力的显著提升。具体而言，其积极作用可概括为以下几点。

（一）提高工作效率，降低人工成本和减轻会计人员的压力

人工智能在财务会计领域的应用，不仅极大地加速了工作流程，减轻了财务人员的负担，还促进了岗位资源的优化配置。具体而言，以往手工编制财务报表和报告的过程烦琐耗时，即便是简单的表格也需财务人员倾注大量精力，这于无形中增加了人力与物力的消耗。而今，在人工智能的助力下，财务会计的诸多环节，如信息监督、数据存储、文档管理等，均被高效的网络智能系统所取代，实现了自动化处理。进一步地讲，人工智能的引入使得日常清算工作变得更加高效且精准，能够即时完成，并且能够针对不同的财务对象和工作特点，采取个性化的会计处理策略，从而增强了财务会计工作的针对性和操作的便捷性。总体而言，人工智能技术在会计信息化建设和整个会计行业的广泛应用，显著提升了会计信息的处理效率，推动了行业的现代化进程。

在手动计费的传统模式下，常伴随着效率低下的问题，尤其是那些机械性、重复性的财务任务，成为财务会计工作者的沉重负担。会计信息化的发展如同一股清新的风，不仅让财务人员从烦琐的工作中解脱出来，还赋予了他们从海量复杂数据中提炼关键信息的能力。这一转变，自然而然地促进了财务会计工作效率与质量的双重提升。以自动存取款机为例，它在银行业的应用极大地分担了基础工作的压力，显著提高了银行的整体运营效率。类似地，人工智能领域的"智能代理"系统，通过深入分析财务会计领域的交易活动，能够迅速评估短期内的潜在风险，为财务人员提供了强大的辅助工具。这意味着，财务会计人员现在可以更加专注于那些需要高度判断力和决策能力的工作，而不再是被简单、枯燥的任务所束缚。他们应当积极拥抱"智能代理"系统，通过将其与会计系统集成，实现财务信息的自动化处理与高效输入。随后，利用这一系统强大的数据分析能力，为企业的战略决策提供坚实的数据支撑。

在当前财务体系中，财务会计人员的职责通常围绕既定的会计流

程展开，其核心职能在于会计核算与监督两大方面。他们日常工作的重心在于确认、记录、报告及存档这些基础且关键的财务活动。然而，随着会计信息化在人工智能环境下的深入发展，这一现状正逐步发生变化，财务会计人员的数量需求有所减少，进而降低了相关的雇用成本。以超市的自助收银系统为例，该系统革新了购物体验，消费者通过手机扫描商品、使用自助收银机结账，不仅极大地缩短了排队时间，还为企业节省了大量运营成本。类似地，会计师现在能够利用财务机器人，通过编程设定，让机器人自动执行数据录入、核算、报告准备等基础且重复性的会计工作。这一过程的高度标准化与智能化，不仅有效降低了手工操作中的错误率，还显著减轻了财务会计人员的工作负担，特别是那些烦琐且耗时的结账、对账等任务，帮助会计人员从沉重的压力中解脱出来，从而专注于更具价值的工作内容。

（二）减少会计信息失真和失误

在会计信息化建设和整个会计行业的基石中，真实性占据着不可动摇的地位。这一原则之所以至关重要，根源在于当前会计信息化的实施过程中，人力依然是信息处理的核心力量。然而，人力操作不可避免地伴随着主观偏差的风险，甚至可能滋生欺骗行为，如数据伪造或欺诈性操作。为了捍卫会计信息的真实性，关键在于减少人为干预，强化人工智能的应用，并深化其在会计处理中的渗透力。人工智能财务系统正是基于财务专家的深厚理论与实战经验，融合科学的决策逻辑与流程，构建起精细的会计数据模型。该系统能够从多维度、多层次、多阶段对会计数据进行全面而深入的审视与分析，有效弥补了人力操作的局限性。企业引入这样的人工智能财务系统后，不仅能显著降低因人为疏忽导致的会计信息失真风险，还能极大程度地遏制欺诈行为的发生，如数据篡改或欺诈性报告。如此一来，会计信息的质量将得到质的飞跃，不实信息的问题将得到有效遏制，同时也降低了因会计信息混乱而引发的财产损失风险，为企业的稳健运营提供了坚实保障。

（三）防控运营风险，提升核心竞争力

在现代企业管理的广阔版图中，风险管理与内部监控犹如两道坚固的防线，其重要性不言而喻。随着企业架构的日益复杂与经济活动的蓬勃发展，加强对企业全面风险的监控与管理显得尤为迫切。借助风险预警模型精准定位财务数据，并引入人工智能技术进行智能识别，我们能够高效地规避包括应收账款在内的各类财务风险。这一预警机制的提前布局，为企业持续稳健的发展之路铺设了坚实的基石。然而，当前多数企业虽已意识到潜在危机的存在，但这份危机感并未充分转化为有效的风险防范措施与决策行动。问题的症结在于，缺乏一个高效的风险预警系统来辅助财务会计人员做出及时而准确的判断，导致风险真正来临时，企业往往陷入被动应对的窘境。为了破解这一难题，将人工智能与财务专家的智慧深度融合，构建出全新的风险预警模型，成为时代赋予我们的新课题。这一模型能够不间断地捕捉并分析财务数据，为企业提供持续的风险洞察与评估。

企业通过汇聚来自多个领域专家系统的专业见解，能够最大化地发挥财务风险预防与控制的效能，从而确保企业运营的稳定性和健康发展。人工智能作为数据挖掘的强大工具，不仅擅长处理海量数据，构建精准的数据模型，还具备持续监控与分析数据的能力。这一特性使得企业能够借助人工智能预测投融资动态、评估盈利能力等关键指标，为经济决策提供有力支持。人工智能以其信息的全面性和强大的计算能力，为企业提供了模拟分析的平台，帮助判断财务会计管理政策的合理性，为企业战略决策注入正能量。更进一步讲，人工智能还能通过构建专属的预测模型，驱动企业向更高水平发展。在运用人工智能的过程中，企业能够依托计算机系统对海量数据进行深度剖析，实现预测的精准化与细致化。例如，在利润预测领域，传统财务会计可能依赖于单一数据模型进行主观判断，而人工智能则能跨越这一局限，通过多元会计模型与数据分析方法，对数据库中的信息进行全面、客观的综合评估。此外，人工智能还能助力企业分析资产负债状况及社会发展趋势对资金流动的影响，为财务管理提供更为全面的视角。

财务会计人员应积极拥抱人工智能，利用其高效获取与分析数据的能力，辅助企业做出更加明智、高效的决策，从而提升企业的市场竞争力，并为社会经济的繁荣贡献力量。

（四）促进人员自我完善，加快人员转型

压力往往也是促进进步的催化剂。财务机器人的引入，正逐步取代人工在账户管理、经济数据处理及财务数据录入、对账、收集等烦琐任务中的角色，包括细致的账户维护、账户汇总表及资产负债表的编制等，这一过程不仅极大地提升了财务会计工作的核算效率与精准度，更使财务会计人员从繁重的日常工作中解脱出来，拥有了更多自我提升与知识更新的宝贵时间。值得注意的是，财务机器人的广泛应用，虽然为财务会计人员带来了就业形态的转变与挑战，但也激发了他们强烈的危机意识与转型动力。这种压力促使他们积极学习新技术，不断丰富自身知识储备，努力从传统的基础财务会计岗位向具备高精尖技能的复合型人才转型。而推动财务会计不断改革与发展的根本动力，则源自外部环境与内部机制的双重变革。近年来，信息技术、大数据、共享中心及"互联网＋"等新兴概念与技术的迅猛发展，为财务会计领域带来了前所未有的机遇与挑战。面对这一快速变化的环境，财务会计人员必须主动求变，摒弃传统的财务会计核算方式，将更多精力投入成本控制、预算管理、绩效评估及投融资管理等关键领域，实现与业务部门的深度融合，为企业管理层提供更为丰富、有效的决策信息，并有效监控企业运营中的潜在风险，助力企业稳健前行。

（五）显著提高会计和审计信息的质量

目前，我国会计与审计领域普遍面临着信息失真的问题，其深层次原因可归结为人工处理信息过程中的主观判断与操作。这种依赖人脑的方式不仅容易引发人为失误，还可能滋生欺诈行为，如数据篡改或欺诈性报告。人工智能技术的引入，旨在从源头上减少因人为因素导致的会计与审计信息失真，并有效遏制欺诈行为的发生。

在传统公司中，财务会计人员的职责往往依据既定的业务流程进行划分。然而，随着人工智能技术的兴起，这一传统的分工模式正面临前所未有的挑战。人工智能的应用将显著改变财务工作的面貌，许多原本需要手工操作的职位或将被取消，或大幅减少所需人力，从而打破原有的财务分工格局。同时，人工智能对审计工作也产生了深远的影响。它促使审计工作的分工模式根据会计业务的类型或性质进行重构。一方面，企业需积极培养和引进掌握财务与审计软件技术的专业人才，以满足人工智能审计工作的新需求；另一方面，企业还需密切关注人工智能环境下可能出现的新风险点，如新型欺诈手法和错误类型，以便及时调整审计策略，提高审计工作的针对性和实效性。

（六）复合型人才需求量不断提升

随着科技的日新月异，人工智能正逐步融入我们的日常生活，其成本也因计算机科学与技术的飞速发展而不断下降。这一趋势使得无论是规模庞大的企业、专注于审计的会计师事务所，还是业务相对有限的小型企业，都能轻松拥抱会计领域的人工智能应用。人工智能的广泛普及，无疑将引发部分传统会计岗位的变革与需求缩减，因此未来的会计人员必须具备多元化的技能组合。他们不仅要精通财务会计的理论知识与实务操作，还需掌握与之相关的信息技术（IT）知识，以适应行业发展的新要求。当前，会计行业正积极拥抱大数据、云计算等前沿技术，以加速数据的获取与处理效率。这一转变使得会计工作日益依赖于计算机技术的支持，因此那些既懂会计又精通信息技术的复合型人才在会计行业中将备受欢迎。

第三节　会计信息化现阶段存在的问题

一、对自身会计信息化的基础和管理条件评估不足

企业在推进信息化建设时，自我评估常显不足，目前高达 54% 的企业对此缺乏明确把握。明确企业类型对会计信息化实施至关重要，

它直接关联到项目的目标设定。例如，对于创业型企业而言，会计信息化建设需紧密围绕其战略愿景与核心任务，精准识别并解决发展中的关键矛盾与瓶颈，这样才能迅速识别问题，确保会计信息化顺利推进，并达到资源的最优配置效果。

当前，我国众多企业在推进会计信息化进程中，普遍存在一个显著问题：未能充分评估自身实际情况与管理水平，致使会计信息化项目虽已上马，却缺乏清晰的目标定位、必要性分析及实施路径规划。这种认知上的模糊，直接引发了管理层面上的混乱，企业因对信息化本质及市场竞争态势的把握不足，在网络化浪潮中不自觉地踏入了"IT陷阱"，面临潜在风险。进一步而言，企业对信息化的认知浅显，将会计信息化简单等同于技术层面的升级，忽视了其在提升财务管理效率、优化决策支持等方面的核心价值。在实施过程中，企业往往倾向于依赖技术专家而非财务管理专家，忽略了会计信息化项目的专业性要求，加之企业内部管理机制的不健全，导致会计信息系统难以充分发挥其效能，未能为企业营造一个有利于其持续发展与深度应用的良好环境。具体表现为高层领导支持不足、中层管理者态度保守、基层执行层面配合不力，这些因素共同制约了会计信息系统整体效益的最大化。此外，资金瓶颈也是制约企业会计信息化进程的关键因素之一。在激烈的市场竞争环境下，企业本就承受着巨大的经营压力，资金资源相对紧张。而会计信息化系统的建设与维护需要较大投入，这使得企业在决策是否进行此类改造时往往犹豫不决。同时，高技术人才的稀缺与保留难题，加之会计信息系统对专业人才的依赖，进一步加剧了企业在推进过程中的困境。这一系列挑战相互交织，共同影响着企业会计信息系统建设的顺利推进与实施效果。

二、对会计信息化的认识存在误区

会计信息化建设作为新兴领域，其推进过程中难免遭遇多种误区，阻碍企业顺利达成信息化目标。这些误区主要体现在企业对会计信息化理解的几个关键偏差上。

（一）会计信息化就是会计电算化

在实际工作场景中，不少企业管理层与会计人员倾向于将会计信息化狭隘地理解为仅是运用计算机技术替代传统手工方式，完成凭证录入、账簿记录、报表输出等会计核算流程的一种转变，即将其等同于会计电算化。诚然，会计信息化确实涵盖了会计电算化的内容，但后者远非前者的全部内涵。会计信息化不仅涉及利用计算机自动化处理会计核算的各个环节，更深层次地讲它还包括对会计信息的深度挖掘、广泛利用，以及实现会计信息系统与企业整体管理信息系统的无缝对接与深度融合。换言之，会计信息化是在会计电算化基础之上，进一步推动会计信息向更高价值层次发展的过程，它要求信息的深度开发、广泛共享及合理披露。若将会计手工操作视为会计管理的初级阶段，会计电算化则是这一领域的一大飞跃，步入了较高层次的管理阶段；而会计信息化则是站在两者肩膀上的又一次升华，代表着会计管理的新高度。因此，将会计信息化简单等同于会计电算化的观念无疑是片面的，这种误解无疑会成为会计信息化进程中的绊脚石，阻碍其健康、快速地发展。

（二）建立了局域网或连接互联网等于实现了会计信息化

这种观念往往根植于对会计信息化理解尚浅的企业之中。实际上，会计信息化是一项复杂的系统工程，它关乎企业如何运用现代信息技术与网络技术，高效开发、深度利用并精细管理会计信息资源。当前，现代信息技术已全面融入企业的运营管理、生产流程、供应链采购、库存管理、市场营销及客户服务等各个业务环节，这一深度融合显著降低了企业的运营成本，显著提升了其市场竞争力和运营效率。会计信息化的核心目标在于通过信息技术在管理、生产等多个维度的深度应用，实现工作效率的质的飞跃。因此，推进会计信息化，不仅要致力于构建和完善信息基础设施，更需从业务运营和管理模式上，推动企业全面拥抱信息技术，深入挖掘信息资源价值。这意味着，会计信息化绝非简单地搭建网络、连接互联网或是建立网站那么简单，它要求企业从根本上对业务流程进行重塑与优化，实现管理集成，确保信息流、物流、资金流在企业内部畅通无阻，形成高效协同的运营体系。

（三）"会计信息化是大企业的事情，与小企业无关"的观念

目前，不少企业持这样的看法。鉴于会计信息化仍处于不断演进的发展阶段，其理论框架与实践经验尚未充分成熟，许多企业因此选择持观望立场。然而，一个不容忽视的事实是，众多国外小企业正是凭借信息技术的力量实现了跨越式发展，走向成功。以信息技术最为领先的美国为例，一项研究揭示，美国通过网络渠道出口的产品中，约七成源自小企业之手，特别是那些小众、低批量的"冷门"产品，几乎完全由小企业独占鳌头。行业分析指出，市场正朝着更加潮流化、个性化的方向演进，这为小企业提供了前所未有的机遇，使它们能够凭借更为灵活多样的新产品满足消费者的独特需求。在全球经济一体化与信息技术日新月异的当下，企业管理者必须具备前瞻性的战略视野，深刻认识到网络技术的迅猛发展及会计信息化趋势的不可阻挡。随着信息技术的持续进步，信息产品的成本不断降低，企业完全有能力借助信息化工具，强化自身竞争优势，提升核心竞争力。

（四）会计信息化能解决一切财务问题

部分企业在决定踏上会计信息化建设之路时常怀揣着宏伟蓝图，期望在原有基础薄弱甚至空白的情况下，迅速达成全面解决财务问题的目标。这种急功近利的心态往往导致对人力资源、物力投入及财务资金的过度消耗与浪费。此外，许多企业管理者存在一个误区，即将会计信息化视为一项可通过单纯资金投入即可获得的成果，期望其能迅速且全面地实现，而忽略了对会计信息化内涵的全面理解和长远规划。实际上，会计信息化并非万能钥匙，即便企业成功建立了会计信息化系统，它也不能自动解决企业遇到的所有财务挑战。企业的持续成长，关键在于建立健全的制度体系，以规范员工行为，确保企业目标的实现。因此，会计信息化需要企业内部的财务人员与管理层共同

努力，对其进行科学的流程重构与优化，不断提升系统与企业实际需求的契合度，使其真正成为推动企业进步的有力工具。

三、会计信息化内外部环境的缺失

（一）外部环境

1. 缺乏理论指导，现有的研究成果脱离实际

在学术领域，研究者们的兴趣多聚焦于新兴概念，尤其是源自国外的系统如 ERP（企业资源规划）、CRM（客户关系管理）及 SCM（供应链管理）等。然而，反观企业界，会计信息化的实际应用尚处于初级阶段，这些理论研究对多数企业而言缺乏直接的实践指导意义。会计信息化作为一门新兴的交叉学科，其特点在于实践应用远超前于其理论框架的构建。遗憾的是，理论界对此领域的重视不足，尚未构建起一个全面而系统的基础理论体系，仅仅停留在对会计信息化概念、特性及应用价值的理论探讨层面。这样的现状导致培养出的专业人才，在实际工作中难以充分发挥其应有的效能和作用。

2. 政府进行会计信息化的统一规划

我国财政部门在会计信息化的推进中扮演着核心管理角色。尽管近年来我国市场经济改革持续深化，财政部门相继发布了一系列会计法规、准则与制度，但在加强会计信息化管理方面却显得力度不足。现行的会计信息化管理文件大多还停留在新会计制度改革之前的水准，未能跟上会计领域改革的步伐。值得注意的是，当前国家层面的正式文件中，"会计信息化"这一概念尚未得到明确提及，仍沿用着"会计电算化"的表述，且缺乏针对性的会计信息化标准制定政策。此外，国家在保障电子交易安全、促进支付信用、优化货物配送、加强网络安全及知识产权保护等方面的法律框架也有待健全。政府当前的信息化工作重心多聚焦于国有大型企业，而对其他类型企业的信息化进程关注不足，相关统计数据的缺乏也反映出这一问题。在资金与人力资源的支持上，政府对这些企业的扶持力度明显不够。纵观整个企业信息化的发展轨迹，我们可以发现其规划步伐往往滞后于产业和应用的

实际进展，尚未形成资金、技术与市场之间的良性互动循环。特别是在电子商务这一新兴领域，迫切需要统一的规划与配套标准、规范来指导其发展，同时相关法律法规的及时出台也显得尤为必要。

3. 基于企业的社会化服务体系有待完善

会计信息化的发展离不开坚实的社会环境基础作为支撑，而我国的企业信息化建设整体上起步较晚，尽管在构建信息基础设施和促进信息交流方面已有所努力，但整体而言仍显薄弱。当前，我国面向企业发展的社会化服务网络和体系尚不完善，具体体现在政府相关部门的管理机制需要创新、信息服务体系缺乏有效协调、培训服务体系亟待创新，以及企业融资服务体系尚需健全。鉴于我国大多数企业规模较小、盈利能力有限且融资渠道不畅，它们往往难以独立承担人员培训、技术研发、市场调研、市场推广等内部活动，因此迫切需要外部服务的支持。此外，我国信息资源电子化程度不高，约 90% 的信息资源尚未实现电子化，且真正服务于企业的商用数据库稀缺，缺乏专门为企业提供信息服务的数据库资源。同时，由于体制和法规等因素的限制，政府掌握的公共信息难以被社会广泛利用，导致信息流通不畅，企业难以获取全面、及时、准确的国内外信息，这严重挫伤了企业投资信息化的积极性。再者，专注于企业信息化领域的咨询机构和监理机构数量稀少，使得企业在推进信息化项目时难以获得专业的指导和监督，进而影响了信息化项目的质量和效果。

4. 会计软件产品的特有缺陷影响着企业会计信息化的发展

在多数情况下，会计信息被视为企业的核心机密，其保密性直接关系到企业的生存与繁荣。尽管众多软件系统致力于优化会计功能和适应财务制度，但鲜有软件厂商深入探究数据保密的核心问题。部分软件所宣称的加密措施，大多仅针对软件本身进行保护，以防盗版，却未能有效保障数据的真实保密性，其安全性令人堪忧。随着网络的广泛普及和电子商务的蓬勃发展，网络犯罪现象愈发猖獗。遗憾的是，许多企业尚未针对网络环境构建起完善的会计信息化安全防护体系，一旦遭遇安全威胁，可能蒙受巨大损失。同时，在企业内部，若信息使用者的权限分配不当或内部控制机制松懈，同样可能引发信息滥用

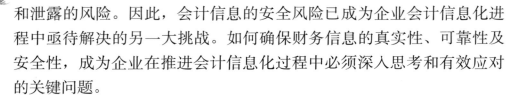

和泄露的风险。因此，会计信息的安全风险已成为企业会计信息化进程中亟待解决的另一大挑战。如何确保财务信息的真实性、可靠性及安全性，成为企业在推进会计信息化过程中必须深入思考和有效应对的关键问题。

（二）内部环境

1. 企业管理者及其员工的思想认识障碍严重

由于企业在计算机应用领域的整体水平有限，缺乏专业的技术人才，且员工素质参差不齐，许多企业管理者对会计信息化的理解尚浅，未能深刻认识到其对企业管理优化、效率提升及竞争力增强的深远影响。当前，无论是企业管理者还是普通员工，对会计信息化的本质和实施路径都知之甚少。很多人仅将会计信息化视为提升会计工作效率、确保会计信息准确性与时效性的手段，这实则是会计信息化发展的初级阶段目标。部分企业领导者满足于现状，不愿打破既有的利益格局，坚持沿用传统的手工会计方式，对会计信息化建设的投入持谨慎态度。另一些企业在推进会计信息化过程中，则遭遇了来自管理层甚至基层员工的阻力，因为会计信息化的透明化特性将使得营销、采购等环节中的不当操作无所遁形，触动到部分既得利益者的利益。同时，企业员工由于自身技能限制，难以迅速适应技术革新带来的新操作模式，甚至面临被淘汰的风险。这些因素共同构成了企业实施会计信息化的重重障碍。

2. 企业融资困难，缺乏资金，资金投入结构不合理

企业普遍面临资金紧张的困境，其运营资金主要集中于保障日常生产和技术活动的基本需求，导致企业在资金分配上更加倾向于直接促进生产的环节。据调研，约有五分之一的企业将资金短缺视为推进信息化建设的主要瓶颈。由于企业规模偏小、生存能力较弱、信用评级不高、可抵押资产有限且缺乏有效的担保体系，这增加了银行的信贷风险，使得企业难以从银行顺利贷款，更难以在证券市场上筹集资金。金融支持的不足、融资渠道狭窄及融资难度高，进一步限制了企业可用于会计信息化建设的资金规模。资金利用不当的问题也颇为突

出，表现为在硬件、软件、网络产品等方面的投资分配失衡，具体表现为过分强调建设而忽视维护、重视硬件而轻视软件、关注网络而忽视资源积累，以及偏重技术而忽视管理的倾向。值得注意的是，会计信息化系统的初期投入已相当可观，而其后续的管理与维护则是一项持续性的任务，需要长期的人力、物力和资金支持。因此，有效解决资金短缺问题，是顺利实施企业会计信息化项目的先决条件。

3. 企业的管理基础薄弱，内部控制制度不完善

会计信息化并非单纯的技术问题，如计算机、网络通信及软硬件的堆砌，其核心在于与管理实践的深度融合。它触及企业的各个层面，包括业务流程、管理流程、组织结构乃至管理制度的全面革新，要求企业依据会计信息化系统的需求，融合现代管理思想，对会计核算与管理流程进行根本性的重组，并构建与之相匹配的管理制度体系。然而，现实情况却往往不尽如人意，多数企业受限于多种因素，其管理水平、手段和技术仍停留在传统模式，陈旧观念根深蒂固，管理手段滞后，管理流程混乱，决策过程充满不确定性、随意性和主观臆断，这些都构成了会计信息化推进的重大障碍。而且这些问题并非一朝一夕能够解决，需要经历一个逐步改进的过程。综上所述，我国企业在管理方面普遍存在着粗放经营、效率低下、组织架构不合理、权责不清、决策机制不健全等问题，亟待进行深刻的变革。若管理层面的变革未能及时跟进，企业会计信息化的深入实施将面临重重困难，难以取得实质性的进展。

第四节　管理视角下财务会计信息化的创新路径

一、构建智能化会计信息平台

为了更有效地利用会计信息化手段，优化会计信息资源的整合流程，本书提议企业应着手构建一个集智能化、全方位与立体性于一体的会计信息化平台。该平台旨在将会计信息系统内部原本孤立的信息子系统融为一体，打造一个综合性的会计信息系统框架。随后，通过

进一步将此综合会计信息系统与企业的综合业务信息系统紧密集成，构建出一个共享的管理平台和数据中心。在这一架构下，业务数据在录入综合业务管理信息系统时，能够自动通过业务集成机制，在综合会计信息系统中生成相应的记账凭证。用户则可通过查询等功能，灵活获取并生成所需的各类财务报表和数据，以满足不同的管理需求。

智能化会计信息平台中的各个子系统紧密相连，彼此间相互作用，共同构成了一个动态且多维度的信息生态系统。这一平台不仅能让会计信息以更加立体和实时的方式展现，还实现了对业务流程的全程监控，有效整合了信息资源，并为企业创造了显著的管理价值。它不仅仅是一个服务于企业会计信息化的工具，更是一个集资源整合、用户管理、信息流通等多种功能于一体的综合性平台。在保障企业信息安全的前提下，该平台充分满足了企业经营管理的多样化需求，实现了管理效能的最大化。值得注意的是，智能化会计信息平台的构建是一个复杂而细致的过程，它需要根据企业管理的实际情况来量身定制，包括确定具体包含哪些子系统。这样的设计思路能够确保会计信息资源得到最充分、最有效的整合，从而加速推动业务与财务的一体化进程，最终实现数据共享中心的全面建立。

二、加强信息数据保护

互联网系统的开放性对会计信息系统的内部控制提出了新挑战，安全问题尤为突出，凸显了风险控制的重要性。当前，部分企业会计信息化程度不高，难以准确识别风险点、预测风险形态，导致缺乏有效应对策略。为应对内外部风险，企业可构建数据内控安全模型，利用软件加密会计数据，并与数据库比对分析，及时发现并解决问题，增强会计数据的安全性。

数据内控安全模型需与财务软件通过特定接口相连，并配备与之同步的源数据库，两者结构功能一致但数据表现形式不同。实际上，财务软件对源数据库的所有操作都会实时"镜像"到模型数据库中，确保数据完全一致。此外，模型内数据经过加密和备份处理，非专业人士无法解读，可以有效防止数据被非法访问或篡改，保障数据安全无忧。

三、加快信息化人才的培养

会计信息化的发展核心在于人才的支撑。当前，会计信息化进程中的一个显著障碍便是人才短缺，特别是缺乏具备高素养的复合型人才，这已成为阻碍会计信息化深入发展及国家、企业健康前行的关键因素。尽管我国已出台多项举措致力于会计信息化人才的培育，并取得了一定成效，但相较于实际需求，人才缺口依然明显。鉴于此，政府层面应加大调研力度，灵活运用政策导向与资金支持等手段，为企业会计信息化人才的培养提供有力引导。同时，企业也应立足自身实际，开辟多元路径，大力实施员工继续教育计划，旨在全面提升员工在道德品质、职业素养、专业知识及技能操作等方面的能力，特别是要融合信息技术、会计专业知识与管理理论，培养出适应信息化时代需求的复合型人才。此外，企事业单位还应高度重视财务会计人才的引进与选拔工作，积极通过社会招聘渠道吸引优秀财务管理信息化人才加入，为财务会计工作队伍注入新鲜血液，激发创新活力，从而为信息化背景下的财务会计工作转型与创新奠定坚实的人才基础。

四、加强信息和数据的交互与共享能力

企业财务会计信息数据的传输效率与共享程度，直接关乎财务会计信息化管理的成效。因此，企业应强化信息和数据的交互与共享能力，全面提升财务与业务信息的互通性，为财务信息化管理构筑稳固基石，促进公司内外部的紧密协作与高效联动。

为实现这一目标，企业应致力于整合各职能部门的数据资源，构建一个统一的信息数据资源共享平台。该平台需确保信息的即时更新，推动业务数据与财务数据的智能化生成，实现财务信息的动态更新与实时共享。借助此平台，企业内部各职能部门能够迅速、准确地检索到所需信息，从而充分发挥信息数据的价值，促进管理决策的精准

高效。

同时，企业需全面审视并优化财务会计信息数据的工作流程与标准，依据信息数据的重要性自动排序，并采取针对性措施强化其安全性保障。此外，企业应深化对信息数据的挖掘与分析，以揭示其深层含义与潜在价值。

为进一步提升信息数据的流通效率，企业应构建跨部门的即时沟通桥梁，定期举办联席会议，并设立跨部门工作小组，辅以团队协作软件、在线文档共享工具等，促进业务部门与财务部门之间的紧密协作，确保信息数据在企业内部顺畅流动。

第五章 管理视角下财务会计管理模式及其创新

第一节 市场经济对财务会计管理的要求

尽管我国市场环境总体上呈现出不断优化的趋势，但仍存在若干薄弱领域，这些问题对市场经济的平稳运行构成了挑战，并限制了经济的健康发展。具体而言，第一，企业进入与退出市场的制度性壁垒依然显著，尤其是企业退出市场的难度日益加剧；第二，企业所处的政策环境尚待完善，导致企业生命周期偏短；第三，公平竞争机制的缺失已成为制约企业发展的关键因素，市场竞争环境亟须进一步净化；第四，消费环境中的潜在问题也不容小觑，它们正深刻影响着国内消费的增长潜力；第五，互联网平台领域的问题频发，亟须加强规范与管理。鉴于此，当下的市场经济对财务会计管理提出了新的要求。

迈入 21 世纪，中国正以更宽的眼界、更广的胸怀和更开放的策略融入全球经济一体化浪潮中。当前，人类社会正由工业经济迈向知识经济的新纪元，这一转型将深刻影响人们的生活、思维、工作及经济运作方式。为适应这一巨变，财务人员必须不断提升自身能力，以符合知识经济时代的新要求。具体而言，一名优秀的财务会计人员需具备以下素质。

一、通晓专业理论

在知识经济时代，合格的财务会计人员需以扎实的专业知识为基石。

（一）熟悉会计基本理论

优秀的财务会计人员需掌握坚实的会计理论基础与熟练的实操技能。这包括理解会计的核心概念，如资产、负债等财务要素，以及会计报表的编制等；同时，还需深谙会计的本质、职能、对象等基础理论。这些基石性的理论是会计体系的根本，财务工作者应努力学习，以高屋建瓴的视角洞悉工作规律，提升财务分析力，为管理层提供有洞察力的决策支持。

（二）掌握会计应用理论

优秀的财务会计人员不仅要精通会计基础理论，还需熟练掌握会计应用理论。这些应用理论专注于会计工作的规范与管理，涵盖财务通则、财务制度、会计准则及会计制度等，直接影响并指导会计实务操作。它们是基础理论在实践中的具体体现，作为理论与实践之间的桥梁，会计应用理论紧密贴合会计实务，蕴含诸多政策性导向。

二、擅长计算机操作

知识经济时代，计算机成为其不可或缺的基石与驱动力，而互联网则如同其飞驰的通道，两者共同构成了这一经济形态的关键工具与平台，已广泛渗透至经济的每一个角落及管理部门。在此背景下，财务会计人员不仅需扎实掌握会计专业知识，还需精通如何利用计算机技术优化会计核算、资金预测等核心工作。计算机与网络的普及，极大地提升了数据获取的时效性与全面性，以及计算的精准度。会计工作本质上不仅是信息的创造与传递者，更是利用这些信息参与企业管理的关键角色。步入知识经济，企业管理信息化浪潮对财务会计人员提出了更高标准：需具备创新思维，积极拥抱先进技术，全面捕捉各类信息，持续更新自身知识结构。财务软件的引入，标志着我国企业信息化征程的启航，而企业内部流程的规范化与内控的加强往往始于财务体系的优化。因此，新时代的财务精英需具备跨学科的综合素养，不仅要精通财务之道，还要深谙管理之策，更要紧跟技术前沿，熟练运用高新技术提升财会工作的效率与水平。

三、擅用外语交流

据权威统计，互联网信息的绝大部分（93%）以英文形式展现，网页设计与程序也普遍以英文为基石。英语作为网络时代的关键语言，其重要性不言而喻。在当前会计信息电算化管理的背景下，一名合格的财务人员必须能够熟练运用英语来处理工作中的相关事务。

四、拥有良好的职业道德

财务会计人员的职业道德，简而言之，是在执行会计事务过程中，用于指导他们如何恰当处理涉及经济利益的人际关系的总和，这是他们从业时应秉持的道德尺度和原则。它深刻反映了会计工作的本质特征和职业赋予的责任，既是规范会计行为、确保行业秩序的基石，也是评判财务会计人员工作绩效的重要标尺。具体而言，财务会计人员的职业道德修养可归纳为以下四大核心方面。

（一）精通法规，依法履职

财务会计人员需将财经法规视为职业道德的基石，面对复杂财务关系，坚持"唯法是从"，不受上级、权力、情感及金钱干扰。

（二）追求真实，秉持公正

财务人员应秉持实事求是的工作态度，将客观公正视为职业追求的最高境界。

（三）严守信用，保密为先

财务工作者需始终维护个人及职业信誉，坚决不参与任何损害信誉或泄露机密的行为，确保信息安全。

（四）热爱岗位，优质服务

对财务工作的热爱是做好一切的前提。财务人员应以此为动力，勤奋学习，精进业务，确保自身能力满足岗位要求，提供高质量服务。

随着社会经济的蓬勃发展和财务会计从业队伍的壮大，企业管理层日益聚焦于财务会计人员的素质提升。作为企业经营的基石，财务会计管理工作要求财务人员与各部门紧密协作，深入剖析企业运营中的每一笔经济交易，旨在构建无懈可击的管理体系，推动企业财务会计工作的高效运作与持续发展。为此，财务会计人员需掌握财务处理的基础与专业技能，并保持学习的热情，紧跟企业经济发展步伐，不断吸收新知识、新理论。同时，他们还需在扎实的专业知识及财务会计法律法规的框架下，稳健执行财务会计管理任务，确保企业财务管理的规范与高效。

第二节　财务会计管理体制的现状及其改革重点

近年来，随着企业改革的持续深化，众多企业纷纷采取改革与重组策略，积极拓展业务领域，实现了企业规模的显著扩张。然而，鉴于我国企业发展历程相对较短，当前许多企业仍沿用较为粗放的经营模式，这不可避免地导致经营与管理中暴露出诸多挑战与问题。尤为突出的是，财务会计管理方面存在体制不健全、信息建设滞后等短板，这些问题已成为制约企业进一步发展的关键因素。鉴于企业在国民经济中的核心地位与重要作用，面对财务会计管理体制中的不足，企业务必给予高度重视，并立即行动起来，通过实施有效策略来完善财务会计管理体系，进而提升整体财务会计管理水平，为企业的长远发展奠定坚实基础。

一、当前财务会计管理体制的现状

（一）财务会计管理理念过于狭隘

随着我国国际融入度的加深，市场竞争愈发激烈，企业面临的财务会计管理环境经历了深刻变革。然而，受限于传统财务制度的惯性，众多企业仍固守着狭隘的财务会计管理理念，未能充分认识到其在企业全面管理中的核心地位，更未将财务会计管理贯穿业务全流程。这种认识上的局限，直接制约了企业财务会计管理效率的提升，使其长期徘徊于较低水平。

（二）财务制度执行不到位

在预算与费用管理方面，问题显著。首先，预算管理上，财务人员在编制时未严格遵循内部管理规范设定预算科目，多凭个人主观判断，导致预算科目设置不一，缺乏可比性。同时，预算执行缺乏有效监督与管控，预算外支出频现，削弱了预算对经营活动的指导作用。其次，费用管理方面，企业未能切实执行费用管理制度，致使费用支出远超预算，超支现象严重。

（三）财务会计管理权限分配混乱

企业的组织架构错综复杂，各子公司作为独立法人实体，享有高度的财务会计管理自主权。集团母公司基于子公司的运营实际，提供财务会计管理的指导与监督，但这种分散式的管理方式使得整个集团的财务会计管理显得支离破碎。随着企业规模的不断扩张，子公司的经济活动日益繁复，这无疑加大了母公司对子公司进行有效监管的难度。为应对这一挑战，企业不得不赋予子公司更大的财务会计管理权限。然而，由于权限分配缺乏系统规划与合理性，母公司最终几乎失去了对子公司的财务控制力，进而影响了整个集团的资金使用效率，使之处于较低水平。

（四）财务会计管理监管形同虚设

尽管企业在提升财务会计管理质量上做出了改革尝试，并收获了一定成果，但由于监管机制的功能失效，当前财务会计管理领域仍面临诸多挑战。具体而言，部分财务人员滥用职权，谋取不当利益；同时，子公司在享有高度财务会计管理自主权的情况下，却缺乏相应的监督制衡机制，这促使它们可能出于局部利益考虑，做出损害集团整体利益的决策。这种监管的缺失，实质上使得财务会计管理监督成为空谈，导致企业集团的资产大量流失，严重侵害了集团的整体利益。

（五）财务会计管理体制不完善

企业财务会计管理体制的缺陷会导致资金流动缺乏规范性，使得集团难以把握真实的财务状况，也无法精准预测未来的资金动向。同时，这一体制的不完善还会阻碍集团内部财务信息的有效流通，加剧信息不对称问题，进而削弱集团内部的资本管理效率。

二、财务会计管理体制的改革重点

（一）建立全面的财务会计管理理念

企业需明确财务会计管理是一个全方位体系，涵盖所有业务流程。为此，其首要任务是普及财务会计管理知识，确保每位员工认识到其重要性及与自身利益的紧密联系。其次，鉴于财务会计管理的复杂性，企业应秉持全局视角进行战略规划，同时注重细节执行，并妥善平衡各方利益。最后，建立财务会计管理成效的评估机制，并将其作为整体绩效评价体系的一部分。

（二）提升财务人员综合素质

企业需着重提升财务人员的综合能力，以优化财务会计管理质量。这不仅要加强内部财务人才的培养，还应积极引进外部优秀的财务会计管理人才，以全面提升财务会计管理团队的整体素质。

（三）实施全面预算管理体系

基于企业的产权特性，本书构想了一个全面预算管理架构：该架构以决策机构为中枢，统领全局，是预算管理体系的灵魂；而工作机构则细化为多个预算执行部门，它们负责具体执行决策机构的预算指令，力求达成各项预算指标。鉴于企业结构的复杂性，预算管理实践中应采取分层管理模式，以确保高效运作。

在实施全面预算管理时，企业应严格遵守既定规范，同时建立健全的反馈机制，确保管理层能实时掌握预算管理的真实状况。进行预算收效评估时，需对每项预算的执行效果进行深入剖析，并将分析成果汇总，以全面审视预算的总体偏差情况。这一过程旨在识别预算偏差的根源，为后续预算周期的预算项目调整提供有力依据。

（四）完善相关制度建设

一方面，为了增强财务会计管理工作的标准化和统一性，进而提高其效率，企业应着力加强内部财会制度的构建。企业集团需以法律法规为基石，融合自身实际情况，量身打造管理制度，作为集团内各企业财务会计管理的行动指南。同时，持续监测制度实施效果，灵活调整与优化，以确保其适应性与有效性。另一方面，企业集团必须高度重视内部审计工作，建立健全的内审体系。内审制度应成为识别财务会计管理问题并及时纠偏的利器。为确保内审的独立性和权威性，建议将内审部门置于董事会的直接管理之下，赋予其足够的权力对集团各项管理活动，特别是财务会计管理领域，进行全面而深入的审计，从而不断推动企业财务管理水平的提升。

（五）加快完善整体治理结构

企业管理效率的高低，关键在于其治理结构是否科学合理。为此，企业需依据自身运营状况，不断优化治理结构，确保内部控制机制顺畅运作。理想的治理结构应根植于现代企业管理理念，紧密贴合企业实际，以权力平衡为核心原则，精心构建各治理组织间的相互关系，

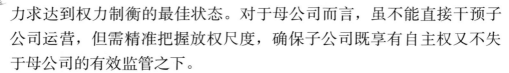

力求达到权力制衡的最佳状态。对于母公司而言，虽不能直接干预子公司运营，但需精准把握放权尺度，确保子公司既享有自主权又不失于母公司的有效监管之下。

（六）完善财务风险管理机制

企业运营环境复杂多变，面临多种财务风险。因此，建立健全财务风险管理机制至关重要，旨在将风险控制在可承受范围内，确保企业资产安全。企业应确立清晰的财务风险管理目标，该目标需综合考量财务状况、内外环境及风险偏好。随后，将目标细化至各部门与岗位，确保责任到人。同时，构建风险识别、评估与应对体系，实现财务风险的全面管控。最后，通过效果评估，识别管理短板并持续改进，以提升集团整体的财务风险管理效能。

第三节　管理视角下财务会计管理模式的创新路径

一、构建科学的财务组织与决策体制

构建财务组织体制的核心在于优化组织资源配置，调和企业内部各方的利益诉求，统一财务操作规范，以提升财务运作效率，最终汇聚并发挥企业集团的整体优势。

（一）合理设置财务部门机构

理想的企业财务组织应构建为一个集权与分权相宜、权责利平衡的多层次分权管理体系。在构建财务管理组织架构时，需遵循"统一领导、分级负责"的原则，既要确保财务与会计职能的独立分离，以促进专业分工，又要追求高效运作，力求部门结构精简高效。

企业作为战略决策与投融资的核心，其职责在于统领集团的经济活动。为实现这一目标，企业应设立以下几个关键财务部门机构。

1. 投融资部门

投融资部门专注于企业集团筹资策略与投资方向的战略规划，以及重大财务决策的制定。

2. 预算控制部门

预算控制部门负责编制集团财务预算，监控执行过程，分析绩效，并考核执行结果，同时制定利润分配方案。

3. 资金管理部门

资金管理部门主要管理企业集团的资金流动，包括内外结算、资金融通及运营资金的平衡调度。

4. 审计部门

审计部门要监督集团内部财会制度的执行情况，确保会计信息的真实性和有效性。

在企业的财务管理框架下，子公司需遵循集团的财务战略规划，但它们在法律上享有独立经营、自主盈亏的法人地位。因此，子公司在构建财务机构时，既要保持一定的独立性，又要确保与上级财务部门的有效沟通与协作。鉴于集权与分权模式的不同，子公司的财务机构设置会呈现显著差异。通常，子公司层面的财务部门包括计划财务部、成本控制部及资金管理部等核心部门。

分厂、车间等费用承担单位，往往被视为成本控制的关键环节。这些单位通常不设立专门的财务部门，但会配置如成本核算专员等财务专业人员，来负责细化、监控、核算及分析各项目标成本责任。

（二）明确限定财务权责范围

企业财务组织体系通常涵盖四个层次：母公司董事会作为决策核心，集团财务总部统筹全局，财务结算中心或财务公司处理具体财务事务，以及子公司财务部负责具体执行。对于拥有事业部的企业，集团财务总部还会设立专门的财务派出机构（事业部财务部）以加强管控。各层次财务组织需明确各自的职责范围与权限，确保财务运作的高效与有序。

1. 母公司董事会的财务权责范围

母公司董事会并非专司财务管理的机构，而是集团经济活动的最高决策层，其职责广泛覆盖财务、业务运营、行政管理、人力资源及内外部事务等多个领域。就财务层面而言，董事会的核心功能与责任聚焦于以下几个关键方面。

（1）负责制定、调整、解释并监督实施财务战略及各类财务政策，包括但不限于投资、融资和收益分配政策。

（2）拥有选择和调整财务管理体制与组织机构的权力，以及任免子公司高层财务管理人员的权利。

（3）对于可能直接影响或潜在影响母公司战略目标与控股权结构的重大财务活动，如巨额投融资、核心产业重组及影响股权控制的投融资项目，拥有决策与处置权。

2. 企业财务总部的权责范围

企业财务的核心管理部门，即母公司财务部，扮演着日常财务管理活动的发起者、组织者和最终责任人的角色。然而，值得注意的是，该部门并不具备独立的法人资格，而是作为母公司内部的一个关键职能部门存在。作为财务管理的中枢，母公司财务部的具体职能与权限涵盖广泛，主要包括但不限于以下方面。

（1）受母公司董事会委托，母公司财务部全面负责在集团层面策划并执行财务战略与政策，同时构建并推行包括财务组织架构、决策流程、责任预算、高层财务委派、经营者激励机制等在内的基本财务制度。此外，该部门还承担着制定重大投融资决策及利润分配方案的重任，并对上述所有活动的执行效果承担最终责任。

（2）在预算管理体系中，母公司财务部扮演着核心控制者的角色，主导责任预算的制定、执行与监督过程。它专注于战略预算的编制与监控，同时强化财务风险监测机制，构建预警系统，以应对潜在的财务危机。

（3）为确保母公司对子公司的有效控制，同时满足战略预算对资本的需求，母公司财务部精心规划企业的最优资本结构，并探索多样化的资本来源渠道，以实现资本的有效配置与利用。

（4）母公司财务部还负责协调企业内部及与外部利益相关者之间的财务关系，确保财务环境的和谐稳定。同时，该部门会定期审视并监督各级财务机构对财务战略、政策、制度及预算的执行情况，并对财务、会计团队进行日常管理、专业技能培训和绩效评估，以提升整体财务管理水平。

3.财务结算中心或财务公司的权责范围

财务结算中心是母公司内设立的一个核心财务机构，主要负责资金的日常调度、融通及综合管理，旨在促进内部单位间的便捷结算、提供信贷支持及金融服务。该中心作为母公司及其财务部的下属部门，并不具备独立的法人资格。在某些企业架构中，母公司财务部与财务结算中心合二为一，直接承担上述所有职能。

财务结算中心融合银行结算、信贷与调控功能，内部扮演多重角色：资金信贷提供者、监控者、结算平台及信息中心，兼具商业银行金融管理与企业内财务管理的双重特性。其核心运作基于"结算"与"信贷"两大管理模块，有效处理集团内部资金流动与融通，并利用其作为政策导向的窗口，引导子公司及成员企业规范资金运作，协同推进集团整体战略目标的达成。

财务公司是财务结算中心的升级版，它独立成为法人实体，若由母公司控股，则视为其子公司。相较于财务结算中心，财务公司不仅继承了其资金调配、监控、结算与信息的核心功能，还额外拥有了对外融资与投资的权限。在运营上，财务公司虽受母公司财务部业务上的指导，但这种关系非单纯的行政隶属，更多体现在业务层面的引领与协调。

4.子公司财务部的权责范围

子公司财务部掌管着本公司的财务运作，既要确保子公司作为独立法律实体的财务权益得到尊重与保护，尤其是财务自主权；又要积极响应总部的财务战略与政策导向，将子公司的财务管理活动融入集团整体财务体系之中，确保在统一的财务框架下高效运作。

5.事业部财务机构的权责范围

事业部财务作为管理与控制的关键部门，其核心财务职责涵盖：

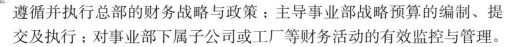

遵循并执行总部的财务战略与政策；主导事业部战略预算的编制、提交及执行；对事业部下属子公司或工厂等财务活动的有效监控与管理。

（三）建立科学的财务决策制度

构建科学的财务决策制度关键在于合理分配决策权与设计高效决策流程。这要求我们在广泛听取意见、深入调研的基础上，运用系统分析的方法，采取科学的工具和技术，确保决策者的主观判断与客观事实高度契合，实现决策的理性与实效性。

1. 合理分配财务决策权

在企业内部，决策权被分配给多个不同的主体，每个主体都承担着独特的决策职责。为了确保决策流程的有序进行，必须清晰地界定这些主体间的权限边界，防止出现擅自行动或超越职权的行为。

企业财务决策体系呈现出鲜明的层级特性，这一体系由三个核心层次构成：最高决策层、中间决策层和基层企业层。

各个决策层级在企业中承载着差异化的决策任务。具体而言，最高决策层扮演着协调与掌控全局的角色，其决策聚焦于企业战略高度，针对的是关乎企业长远、根本性的议题；中间决策层，如子公司或事业部，作为利润生成的核心，不直接干预下属成员企业的日常运营，而是依据企业整体的投资与战略规划，在特定业务领域或地域范围内制定决策；基层企业层，作为生产经营的基石，是成本控制的中心，其决策多涉及日常运营的常规事务。在同一决策层级内，不同部门因其职能各异，其决策权限亦被明确界定在各自的专业领域内；而在成员企业之间，虽同属于企业集团，但各自享有较高的自主权和灵活性，能够独立地在其职权范围内做出决策，展现出相对独立的决策能力。

优化授权机制是提升财务决策效率的核心。企业应通过强化授权审批流程，确保决策权分配的合理性与高效性。在授权过程中，需坚守"统一领导、层级授权、权责清晰、对等负责"的原则。此外，建立健全重大决策集体审议、专家咨询评估、决策公开听证及责任追溯等制度至关重要。同时，仅授权而不加强审批监管是不够的，必须严格审批流程，对被授权者的财务决策实施有效管理和监督，以降低决策的随意性。

2. 科学设计财务决策程序

科学设计财务决策程序的首要任务是构建一个全面且高效的决策信息体系。决策的科学合理性，根植于对现实状况的深入洞察与剖析，以及对所有关联要素的细致调研与评估。为此，我们需设立一个综合的信息采集、处理与存储机制，旨在提升信息的精确度和时效性，减少信息传递过程中的损耗与延迟，进而缩减决策制定的成本。此外，各职能部门应基于详尽的调研，提出多样化的方案选项，为决策者提供丰富的选择空间。

接下来，确立并强化一套标准化的决策流程至关重要。每项决策的制定都应当遵循既定的流程框架，该流程涵盖前期准备、执行过程及后期反馈三大环节。具体而言，前期需进行详尽的调研、专家咨询及民主评议，确保项目可行性得到充分论证；执行阶段则需实施严格的监督与检查；而后期则需提交反馈报告，以总结经验教训。决策过程中，目标需清晰界定，备选方案应丰富且具可行性，方案评选需采用科学方法，而一旦选定方案，则需坚决执行。在财务决策领域，既要鼓励民主参与，汇聚多方智慧，又要适度集中权力，以加速决策筛选过程，快速形成既科学又具强执行力的可行方案，从而有效提升决策效率。

二、建立健全财务会计相关控制体系

企业实施财务控制，需从制度构建、组织架构优化及人员配置等多维度出发，精心挑选适配的控制策略，以和谐统一各方目标，确保企业整体战略规划的顺利达成。其中，构建完善且高效的财务控制制度是核心任务，至关重要。

（一）明确财务控制的目标和内容

财务控制是企业集团内部，特别是在多级法人架构下，实现内部控制的关键措施。它既是达成集团整体战略目标的基石，也是优化资源配置、提升运营效率的必然要求。通过财务控制，企业旨在强化约束与激励机制，激发员工的积极性、创新力和责任感，进而推动整体财务资源的高效配置。鉴于企业的多层次管理结构，财务控制活动自然涵盖了三个不同层级的控制目标与内容。

第一层是出资者层面的财务控制，核心在于确保资本的安全增值，并对经营者实施有效的监督与激励机制，如母公司董事会层面的控制。企业总部虽负责日常管理，但更多是以投资者身份对下属企业进行财务监管，这同样属于出资者财务控制的范畴。第二层是面向经营管理者，其财务控制旨在最大化经营利润或资产收益，具体措施涵盖资金管理、内部审计及财务经理的任命等关键领域。第三层则是财务经理的直接控制，目标是最大化现金净流量。这主要通过精细配置财务资源、严格执行责任预算制度及高效管控各项财务活动来实现。

（二）建立健全财务控制制度

企业的财务制度明确了董事会、经理层及基层财务管理部门三个层级在财务方面的权力与职责范围，特别是在筹资、投资及收益分配等关键财务决策中的具体分工。一个完善的财务控制体系则涵盖了预算管理、资产管理、成本控制、财务信息透明度及资金结算等多个方面的制度建设。

三、完善财务会计的约束与激励制度

（一）构建合理的财务约束制度

1. 完善企业集团的法人治理结构

基于《中华人民共和国公司法》的框架，我们应当积极引入市场机制，优化股权架构，推动股权的多元化与分散化，同时健全企业集团内部的"三会"（股东大会、董事会、监事会）治理体系，清晰界定各层级间的权责界限与相互关系。在深化"三会"制度改革的过程中，需着重强化董事的责任感与义务履行，确保法律的严格执行，对违法违规的董事行为依法追责。此外，应增加外部董事与独立董事的比例，实施董事长与总经理的职位分离制度，杜绝二者兼任现象，以明确各自职责，提升董事会的独立性与决策效率。董事会应充分发挥其在重大事项上的统一决策职能及经营者选拔作用，建立集体决策机制，并配套个人责任追溯的议事规则。至于监事会，则需通过立法强化其权威地位，细化其职责权限，制定详尽的工作规程与议事流程，确保监事会职能的有效发挥，避免其成为空壳机构。

2. 建立健全各种财务制度

（1）建立健全资产管理制度

构建并执行严密的资产登记、管理及清理转让制度，明确责任归属，以保障资产安全，防止流失。成员子公司在日常运营中，对合理且未超限额的资产损失，经严格审批后可自主处理；而超额损失则需提交处理建议至企业总部统一决策。子公司对外投资的所有资产，均需充分论证可行性后，报集团总部审批通过。原则上，子公司不得擅自对外提供经济担保，特殊情况下必须获得企业总部批准。关于固定资产的技术改造投资，应关注投资回报率，由总部统一规划布局，子公司负责具体执行实施。

（2）完善成本费用和利润管理制度

企业总部应肩负起对各成员子公司在成本费用管理上的指导和监督职责，旨在提升运营效率，遏制资源浪费现象。基于现行的财务制度，并结合集团的特定情况，企业总部需制定出一套行之有效的管理办法，随后各成员子公司需据此细化操作规则，并上报总部存档。这一管理过程将日常指导与定期检查紧密结合，以确保管理效果。

此外，企业总部还需强化对各成员子公司在财务核算与利润分配上的管理力度，旨在维护出资人的合法权益，为企业的持续发展奠定坚实基础。各成员子公司在增加营业外支出，尤其是进行公益、救济性捐赠等活动时，必须事先获得集团总部的批准。同时，各子公司的税后利润分配计划及"实收资本"结构或数额的任何变动，特别是涉及产权结构调整的重大事项，也均需提前报请企业总部审核批准。

（3）建立财务报告与合并报表制度

成员子公司务必按时向企业总部提交财务会计报表，确保报表内容的真实、合法及完整无误，对于条件允许的，建议先由注册会计师对财务报告进行专业审核验证。此外，成员子公司还应随同报表附上详细的财务报告说明，特别是针对期后事项、潜在负债及可能发生的损失等关键信息，需向总部做出清晰说明。在必要时，企业总部有权对提交的财务报告进行必要的调整。依据财务评价指标体系，选取能敏感反映企业经济运行状况及质量的关键指标，结合日常累积的财务与统计资料，企业总部将及时向成员子公司发出预警，提示其经济指标是否接近临界值，并在发现异常时迅速提出改进建议或措施，以预防潜在风险。为维护集团公司整体利益及保障股东与债权人的权益，企业集团需编制合并会计报表，该报表全面反映了各成员子公司的经营绩效及集团整体的财务状况与经营成果，并定期对外公布，以增强透明度与公信力。

3. 加强财务会计人员管理

财务管理中的关键环节在于财务会计人员的有效管理。为强化这一管理，需重点关注并落实以下几项工作。

（1）规范财务会计人员的授权任免

加强财务会计人员管理首当其冲的是优化人员任免流程，清晰界定其权责边界。这主要围绕两大核心策略展开：一是确保不相容职务的严格分离，科学规划会计及相关岗位，避免一人多职，构建岗位间的制衡机制，彻底摆脱财务人员身兼多职的困境，实现财务管理与会计核算的明确分工。二是强化授权审批机制，确保企业每一项活动，无论规模大小，均须经过审批流程后方可执行。有效的授权审批不仅预设了明确的范围、权限、程序及责任，还增强了审批的权威性与约束力，能在事前拦截不合理、不合法的事项。具体实践上，应建立重大决策集体审批制度，遏制个人独断；完善部门间监督机制，防止权力滥用；实施关键岗位轮岗与定期审计，减少腐败风险。

（2）提高财务会计人员的素质水平

财务会计人员的素质涵盖职业道德与专业技能两大维度。通过强化企业文化建设，能够提升员工的综合素养、忠诚度及对企业目标的认同感，为财务管理目标的实现奠定坚实基础。此外，构建高效的培训体系，定期对集团及其成员企业的财务会计人员进行专业培训，旨在持续提升其专业水平。同时，鼓励财务人员深入学习财会规章制度，并定期检查执行情况，及时纠正偏差，确保财务管理工作的规范化和制度化，有效防范因违规操作导致的企业损失。随着市场经济改革的深化和法规体系的完善，财务会计人员需紧跟时代步伐，不断更新观念，强化职业道德教育与业务学习，以深厚的理论基础和丰富的实战经验应对挑战。

4. 推行财务总监委派制

财务总监委派制是指母公司出于维护集团整体利益、加强对子公司财务监督与控制的目的，直接向子公司派遣财务总监，并将这些财务总监纳入母公司财务部门的管理体系，实行统一调度与管理的制度。

财务总监由母公司直接任命，不隶属于子公司管理，直接向母公司汇报，其高度的独立性使母公司能更有效地掌控子公司的财务状况。实施过程中，首先需严格筛选财务总监，确保他们不仅精通财务知识、熟悉国家财经法规，还具备高尚的职业道德和卓越的领导能力。同时，双方应共同监督财务总监的表现，一旦发现不胜任者，应及时按程序调整。其次，要明确财务总监的职责，包括主导会计核算与财务管理、参与重大经济决策、审核财务报告及审批财务收支等。最后，为保障这一制度的顺畅运行，还需构建一系列配套措施，如资格认证、绩效评估、奖惩、定期报告与述职、重大事项联合签批等制度。

（二）完善经营者激励制度

要构建合理的业绩评价体系，需全面评估企业的盈利能力、偿债能力等指标，并据此对经营者实施奖惩措施。企业的首要任务是确立科学的考核指标体系，该体系需具备三大特性：一是数据易获取且便于横向对比；二是指标需具有针对性，针对不同管理层级设定不同标准；三是既要体现短期经营成效，也要反映企业的长期发展趋势。其次，明确考核主体，即确定由谁来执行考核。在企业内部，通常由出资方（如上级公司或董事会）对下属单位进行考核；对于国有企业，则由国有资产管理部门或授权经营单位负责。考核过程中，应确保奖惩并重，将经营者的薪酬与企业业绩紧密挂钩，同时经营者的责任也应与企业损失相关联，以此构建一套奖惩分明的业绩考核体系。

亟须完善经营者激励相关的政策法规，为企业构建科学、合理的经营者激励机制提供规范指导。其关键在于改革企业经营者任命机制，降低行政干预，通过引入竞争机制，推动国有企业经营者选拔向市场化过渡。这必然需要加快步伐，建立健全公平竞争的市场环境，特别是要强化职业经理人市场和资本市场的竞争机制，以促进资源的优化配置。

企业应依据实际情况，灵活选择对经营者的激励机制。这些机制涵盖年薪、持股及股票期权等多种形式，每种方式适用的情境及激励效果各异。在设定激励机制时，企业应秉持业绩导向、平衡固定与风险收入、注重长短期效益结合及效率与公平兼顾的原则。在此基础上，深入分析企业自身状况，挑选出最适宜的激励组合。当前环境下，推荐采用多元化的激励手段相融合的策略，如将年薪制与期权制巧妙结合，通过优化年薪结构，提高绩效年薪占比，并辅以期权奖励，以增强激励效果。此外，还可探索年薪与股权、股权与期权，乃至三者综合运用的多种激励模式，以实现更高效的激励效果。

四、加快推进财务会计的信息化建设

优化财务会计管理模式的关键路径在于全面推进信息化进程。在财务会计管理现代化转型的浪潮中，实现管理的信息化已成为企业集团不可回避的核心议题。鉴于经济全球化与信息技术日新月异的双重驱动，信息技术作为推动现代化的核心引擎，为集团公司财务会计管理的革新提供了强大动力。企业应积极拥抱信息技术，借此提升管理效能，强化财务信息的集中统一管理，有效预防和应对企业经营中的潜在风险。同时，利用先进的信息技术桥梁，紧密联结子公司与总部，确保"集权管控为主，适度分权为辅"的财务会计管理模式顺畅运行，维护沟通渠道的畅通无阻与高效响应。企业正积极构建集成化信息平台，旨在促进总部与子公司间财务信息的无缝对接，特别是要确保对下属分（子）公司财务状况的即时反馈，以便深度挖掘与分析其财务数据，为决策提供有力支撑。以集团整体的信息化战略规划为指引，遵循国家政策导向，结合集团内部实际需求，我们依托新中大财务软件等先进平台，实现与其他业务系统的数据互联互通，重塑财务会计管理流程。此过程聚焦于优化与重组现有财务会计管理模式，将企业的全部财务信息整合至符合国内信息系统标准的信息化财务系统中，量身打造贴合企业发展需求的财务会计管理信息系统。为此，我们需对财务信息化进行全局性规划，分阶段实施，逐步构建起统一的财务会计管理信息平台，并确保该平台能够持续、高效地升级迭代。

（一）确定财务管理信息化目标

遵循企业既定的财务管理理念，我们致力于构建高效完善的财务管理信息平台，旨在集中整合集团内部核心的财务与业务信息，实现资源、数据、决策及运营的全面信息化。这一平台将实时、动态地展现企业财务状况，助力企业精准分配与高效控制资源，为集团的持续健康发展提供强有力的财务支撑与决策依据，最终满足企业发展的长远利益需求。

（二）财务共享信息系统整体规划

1. 系统平台

在挑选系统平台时，我们需要紧密结合集团实际需求，全面考量各平台效能，最终选定最适合集团的软件作为财务管理系统的基石。此系统的部署，旨在消除总部与子公司间财务信息交流的障碍，实现各分（子）公司数据的无缝整合，统一汇聚于一个高效的信息平台之上。

2. 应用管理

这一部分内容聚焦于财务管理、资源管理及战略管理的功能实现。

（三）建立专业专职的团队，定期进行业务培训

财务信息管理的高效运作依赖于人才队伍的强化。财务人员需精通财务管理技能，并熟练掌握财务软件及设备维护等信息技术。为此，企业应定期举办涵盖财务管理、计算机技术及相关领域的综合培训，

旨在培养复合型人才。通过建立科学的电子学习管理平台，结合实际需求定期开展专业培训，确保财务人员持续成长，为企业储备宝贵的专业人才资源。

（四）构建统一的财务管理体系

构建标准化的财务管理系统，全面整合财务基础数据、组织关系及业务流程，对建立集团内部标准化管理机制至关重要。需兼顾各子公司业务特性，强化财务信息整合，实现跨业务、跨成员单位及集团与成员单位间的信息高效互通。此举旨在确保企业内部数据信息的准确性、时效性与透明度，为集团对财务管理体系的集权化管理提供坚实支撑。

五、集中精力构建相应财务共享中心

（一）财务共享服务概念

财务共享服务是信息化时代的产物，它依托信息技术，推动财务业务向流程化管理转型。通过整合共性且标准化的财务业务，建立财务共享中心，实现这些业务的标准化、高效处理。此举旨在简化并优化企业财务管理流程，进而提升集团的整体经营效能与运作效率。

（二）财务共享服务的发展趋势

目前，包括中国人保财险、国美、TCL集团在内的众多国内大型企业均已设立金融共享中心。据文献资料显示，全球50强企业中，近九成已构建内部财务信息共享平台。我国则已拥有超过400个财务共享中心，且这一数量仍在持续增长中。

（三）财务共享中心的实施

在构建财务共享中心的过程中，企业应当紧密围绕自身实际情况展开，采取循序渐进的策略，即"由浅入深，从易到难"。首先，选定具有代表性的试点单位进行实践，深入分析并界定这些单位之间的财务共享服务边界。随后，基于这些分析结果，精心设计财务共享中心的架构与功能。

通过设立财务共享服务中心，企业能够积极试验并优化财务共享服务的管理与运营框架，确保集团财务总部、各分（子）公司财务部门与财务共享中心之间的职责与权限得到清晰界定。这一过程不仅显著提升了财务管理的效率，还有效降低了企业的运营成本。更为重要的是，企业在此过程中积累的财务共享服务实践经验，将为未来制定全面规划与推广策略提供宝贵的参考与支持。

参考文献

[1] 安存红，周少燕．管理视角下的财务会计新论 [M]．延吉：延边大学出版社，2019．

[2] 常茂松．基于大数据视角下财务会计向管理会计转型的途径分析 [J]．审计与理财，2021(03):57—58．

[3] 陈晖．财务管理视角的企业并购风险研究 [J]．现代商业，2021(24): 154—156．

[4] 陈榕．战略管理视角下出口制造企业成本管理的新思路 [J]．财会学习，2018(31):110+112．

[5] 陈小鹏．浅谈管理会计与财务会计的融合——基于报表融合的视角 [J]．商场现代化，2014(33):243．

[6] 陈璇玲．基于财务管理视角的企业税收筹划研究 [J]．企业改革与管理，2022(17):146—148．

[7] 丁宁．财务管理视角下企业内部控制改进分析 [J]．金融客，2023(06): 95—98．

[8] 杜琴．现代企业管理视角下的财务管理作用思考 [J]．财会学习，2022(24):43—45．

[9] 冯雪琴，王佳栋．基于财务管理视角下企业并购风险分析 [J]．商场现代化，2022(11):143—145．

[10] 高丽霞．基于价值链管理视角的企业财务战略管理探究 [J]．商业观察，2023(09):89—92．

[11] 郭昌荣．财务会计及其创新研究基于管理视角 [M]．北京：中国商业出版社，2021．

[12] 郭瑞生.财务管理视角下企业税收筹划的探讨 [J].商业 2.0,2023(30):92—94.

[13] 姜彦竹.关于财务管理视角下的财务信息化建设 [J].中国乡镇企业会计,2024(02):148—150.

[14] 蒋尧明,曹玉珊.从财务管理视角看待新会计准则的创新 [J].财会学习,2010(01):16—18.

[15] 康雪梅.财务风险管理视角下的企业合规管控体系构建 [J].商场现代化,2024(02):150—152.

[16] 雷朵.基于财务管理视角浅谈企业研发费用的内控管理 [J].市场瞭望,2023(15):111—113.

[17] 李冬梅.基于财务管理视角的行政事业单位预算执行分析 [J].财会学习,2023(31):92—94.

[18] 李佳佳.基于财务风险管理视角的国企内控体系构建分析 [J].财会学习,2024(04):155—157.

[19] 李金泉.基于外部会计和内部管理视角的利润观念及评价 [J].煤炭经济研究,2009(01):67—69.

[20] 李明慧.财务管理与会计实践创新研究 [M].北京:中国原子能出版社,2022.

[21] 李姝.风险管理视角下国有企业现代化会计管理优化研究 [J].全国流通经济,2021(23):145—147.

[22] 李玉丰,王爱群.管理会计与财务会计的融合——基于会计价值评价的视角 [J].长春大学学报,2012(05):522—525.

[23] 林岱玲.财务会计与管理会计的融合分析——基于信息质量评价视角 [J].工程技术研究,2017(09):16—18.

[24] 刘春姣.互联网时代的企业财务会计实践发展研究 [M].成都:电子科技大学出版社,2019.

[25] 刘璐.基于财务管理视角的事业单位会计内部控制策略分析 [J].环渤海经济瞭望,2023(11):101—104.

[26] 刘秀荣.财务信息化视角下管理会计与财务会计的融合 [J].中国信息化,2021(04):65—67.

[27] 刘增伟，姜琳.从管理视角探讨财务会计与管理会计的融合 [J].中国总会计师，2018(06):68—69.

[28] 吕莹颖.大数据视角管理会计与财务会计的融合探讨 [J].上海商业，2023(02):141—143.

[29] 马爱华.管理会计与财务会计的融合——基于会计价值评价的视角 [J].企业改革与管理，2016(11):151+153.

[30] 马海青.精细化管理视角下企业财务转型分析 [J].质量与市场，2023(10): 109—111.

[31] 马惠.基于内控管理视角的企业财务管理提升对策 [J].商场现代化，2023(24):171—173.

[32] 倪向丽.财务管理与会计实践创新艺术 [M].北京：中国商务出版社，2018.

[33] 祁路生.基于财务管理视角的国有企业合同管理研究 [J].会计师，2023(21):18—20.

[34] 宋采燕.基于财务管理视角的企业税收筹划策略 [J].财会学习，2022(31):5—7.

[35] 谭洋洋.基于财务管理视角的高新技术企业税收筹划 [J].环渤海经济瞭望，2022(11):50—52.

[36] 陶陶.财务管理视角下企业人力资源管理策略分析 [J].中国乡镇企业会计，2023(06):92—94.

[37] 王学博.精益管理视角下企业财务会计发展探讨 [J].当代会计，2021(03):137—138.

[38] 邬颖嘉.财务管理视角下行政事业单位财务会计内部控制浅析 [J].纳税，2019,13(08):69+72.

[39] 吴俊生.基于财务管理视角供给侧结构调整下企业并购问题 [J].财经界，2021(20):106—107.

[40] 谢璘璘.基于财务管理视角下事业单位资金使用效率的优化 [J].活力，2023(22):58—60.

[41] 邢菁.互联网＋时代财务会计的实践与创新研究 [M].北京：中国商业出版社，2021.

[42] 叶靖琳 . 基于人工智能视角企业财务会计向管理会计的转型探讨 [J]. 商讯 , 2022(16):57—60.

[43] 喻传胜 . 基于财务会计视角的企业内部控制评价模式思考 [J]. 财经界 , 2015(08):238.

[44] 张丽华 . 基于内部控制管理视角的企业财务管理研究 [J]. 行政事业资产与财务 , 2023(22):91—93.

[45] 张楠 . 基于财务风险管理视角的企业投资内部控制探究 [J]. 齐鲁珠坛 , 2022(06):49—50.

[46] 张书玲 , 肖顺松 , 冯燕梁 . 现代财务管理与审计 [M]. 天津 : 天津科学技术出版社 ,2021.

[47] 张馨爻 . 基于财务管理视角的企业内部控制体系优化研究 [J]. 中小企业管理与科技 ,2023(18):66—68.

[48] 赵燕 , 陈忆梅 . 风险管理视角下企业数字化转型与财务绩效表现 [J]. 吉林工商学院学报 ,2022，38(06):74—81.

[49] 郑丽萍 . 效能管理视角的财务会计与管理会计融合 [J]. 商业文化 , 2021(14):112—113.

[50] 朱芳若 . 财务管理视角下事业单位税收筹划 [J]. 商业观察 ,2023(19): 113—116.